Paul Josef Kardinal Cordes

Verschnitten – um Jesu willen

Zum Affront der biblischen Jungfräulichkeit

fe

Fe-Medien, Kisslegg

Für
Mutter Theresa Brenningmejer
Gründerin der Hermanas de Claraval
Callao, Peru

mit Dank und Wertschätzung

2. Auflage 2019

Hauptstraße 22, 88353 Kisslegg

Gestaltung: Renate Geisler
Druck: mcpdruk, Polen

ISBN: 978-3-86357-227-3

Paul Josef Kardinal Cordes

Verschnitten – um Jesu willen

Zum Affront der biblischen Jungfräulichkeit

Inhalt

Simone Martini (1284–1344) „Mariä Verkündigung“ als Hinführung

Als Jugendliche sangen wir unter Lachen: „Die Wissenschaft hat festgestellt, dass Marmelade Fett enthält.“ Das Lied macht sich in vielen Strophen darüber lustig, wie wegen der messbaren Daten die volle Wirklichkeit abgeschafft wird. Man redet uns ein, alle sinnvollen Fragen wären durch Prüfen und Quantifizieren beantwortbar. Moderne Wissenschaftsgläubigkeit wird zur Welterklärung.

In der Tat ist es verwunderlich, wenn angeblich kritischen Geistern die Naturwissenschaft für Deutung und Beschreibung des Daseins völlig genügt. Unverdächtige Beobachter bezeichnen eine solche Sicht – den Szientismus – als „beschränkt“ (Th. W. Adorno). „Es gibt mehr Dinge zwischen Himmel und Erde, als deine Philosophie dir vorgaukelt“, sagt schon der Hamlet des großen William Shakespeare zu dessen Freund Horatio. Das ist ein Appell: Beim Blick auf das Drama unseres Lebens ist im Kopf zu behalten, dass uns von dessen Hintergründen so manches verborgen bleibt. Für „Hamlet“ ist es die Begegnung mit dem Geist seines Vaters. Für das Theater des Lebens gilt: Der Bühnenausschnitt darf uns nicht vergessen lassen, dass hinter der Szenerie eine ganze Welt liegt. Erst sie macht die Aufführung des Stückes möglich. Wohl verdrängt unser Alltag sie fortwährend und nicht wenige Vordenker treiben uns ständig den Gedanken an sie aus. Doch gelegentlich tritt sie schlagend zutage – unerwartet und verstörend, bedrückend und schmerzhaft, tröstend und ermutigend.

Wer Gottes Wort mit den Augen des Glaubens liest, der begegnet in vielen Kapiteln dem Nachhall des generell Verborgenen.

Er stößt von Anfang der Heilsgeschichte an auf Begebenheiten, die ihm zeigen, dass Gott sich sehr konkret seines Volkes annimmt. Schon der Alte Bund quillt über von seinen Wohltaten, Prüfungen und Heilszeichen. Immer wieder berührt der Himmel die Erde. Sie finden schließlich ihren Kulminationspunkt im Neuen Testament durch ein Ereignis, das nicht nur irdische Maßstäbe übersteigt, sondern unsere Denkmöglichkeiten überhaupt sprengt. In Nazareth kündet der Erzengel Gabriel die Geburt des Sohnes Gottes an und erbittet das Jawort der Jungfrau Maria.

Nicht verwunderlich, dass dieses unvergleichbare Wunder gläubige Künstler immer wieder beschäftigt und zu Darstellungen stimuliert hat. Im 3. Jahrhundert beginnend, hat kaum ein anderes Thema seit fast 2000 Jahren die Phantasie großer Maler häufiger angeregt und ungemein beflügelt.

Eines der Werke stammt von Simone Martini (1284–1344). Es war für die Kathedrale in Siena/Italien bestimmt und gilt als ein Glanzstück der Gotik. Mir erscheint es darüber hinaus als prägnanter geistlicher Schlüssel für das vorliegenden Buch. Darum habe ich dies Bild als Titelblatt gewählt.

Wir sehen auf ihm, wie sich der oft vergessene, aber – nichtsdestotrotz – eigentliche Akteur der Menschheitsgeschichte einschaltet. Er wird unter seinen Geschöpfen präsent und aktiv. Sein Bote tritt auf. Der Himmel zeigt sich gegenwärtig. Doch ganz anders, als es Welt und Geschichte erwarten und im Antiken Theater darstellten; da kam nämlich der „Magier-Gott – der *Deus ex machina*" aus der oberen Etage auf die Bühne und sorgte für einen befreienden Ausweg aus der Klemme – wie heute ein Lottobote.

Der Engel unseres Bildes jedoch verbreitet durch seinen Besuch keineswegs den Enthusiasmus, wie ein Retter ihn verdiente. Er stiftet stattdessen Verwirrung und Befremden: Auf der Abbildung hat die Jungfrau von Nazareth den Kopf vom Engel abgewandt. Sie scheint zurückzuweichen; ihre Augen sind gleichsam zugekniffen; sie rafft ihr Gewand, bedeckt und verbirgt sich. Ihr Körper wirkt in der Form der Sichel eines Halbmonds fast angeschlagen. Dieser Engel wird der Madonna zur Gefahr, er löst Unruhe aus. Der Evangelist spricht ausdrücklich von ihrer Verwirrung (Lk 1,29). Alle sentimentale Idylle zerplatzt.

Simone Martinis Bild betrifft nicht nur den ersten Höhepunkt unserer Erlösung. Der Künstler hält einen Grundzug der Heilsgeschichte fest: Wenn Gott in das irdische Geschehen eintritt, so kommt er selten auf Taubenfüßen. Das Alte Testament zeigt ihn als Einbruch – überwältigend, unfasslich, wie brennendes Feuer und furchterregende Dynamik. Keinesfalls ist Gottes Herannahen zu integrieren in Alltagsharmonie, die wir unbekümmert abheften könnten. Personen und Kräfte, die „hinter den Kulissen" am Werk sind, wollen den Ablauf des Stücks auf der Bühne unseres Lebens durcheinanderbringen. Manchmal mögen sie als Spielverderber erscheinen. Sie können als Zumutung erfahren, ja als Ärgernis empfunden werden.

Gerade die Mitte allen Heilsgeschehens, die Verkündigung Jesu Christi, wie sie unser Tafelbild festhält, bringt den Gegensatz zwischen dem Natürlich-Normalen und dem Göttlich-Provokativen auf den Gipfelpunkt: „Du wirst ein Kind empfangen … Wie soll das geschehen, da ich keinen Mann erkenne? … Der Heilige Geist wird über dich kommen … Seine Herrschaft wird kein Ende haben" (Lk 1,33ff.). Es ist die heute umstrittene Jungfräulichkeit, die die Geschichte definitiver Erlösung trägt.

Und sie bleibt – in unserm Zeitalter des Erotismus mehr denn je – ein Affront. Wer ihr dennoch nachgeht, kann sie freilich als unersetzlichen Katalysator im Heilsplan Gottes entdecken.

Vatikan, am Hochfest der Verkündigung des Herrn 2019

Die neuen Weisungen Johannes Pauls II.

Die große Kirchenversammlung des letzten Jahrhunderts, das Vaticanum II, hat uns Christen in vielen Dingen Orientierung und Vitalisierung des Glaubens gegeben. Nicht zuletzt stellte das Konzil die Weichen neu für das Verständnis geschlechtlicher Begegnung. Es hob den Rang der Liebe zwischen Mann und Frau hervor. Diese umgreife das Wohl der ganzen Person und sei vom Herrn durch seine eigene Gnade und Liebe geheilt, vollendet und erhöht worden[1]. Mit deutlichen Worten betonten die Bischöfe gegen alle Leibfeindlichkeit die Hochschätzung der menschlichen Geschlechtlichkeit – wohl auch in Reaktion auf die andauernde Anklage, die katholische Kirche verteufele den menschlichen Leib als eine Quelle des Bösen.

Gleich zu Beginn seines Pontifikats nutze der Papst Johannes Paul II. in den Jahren 1979 bis 1984 die traditionellen Mittwochsaudienzen, um in seinen Katechesen kontinuierlich Grundlegendes über die Würde des Leibes und der menschlichen Geschlechtlichkeit zu lehren. Der Papst konkretisierte die Konzilsaussagen mit gläubigem und denkerischem Tiefgang. Ausdrücklich wies er die Geistesströmung des „Manichäismus" ab[2]. Diese Irrlehre – so der Papst – widerspreche Gottes Offenbarung, denn sie verkünde „die Verurteilung und Verwerfung alles dessen, was am Menschen körperlich ist. Und da sich beim Menschen die Körperlichkeit vor allem im Geschlechtlichen äußert, wurde diese Verurteilung auch auf die Ehe und das eheliche Zusammenleben sowie auf sämtliche Bereiche des Seins und des Handelns, in denen die Körper-

---

[1] Pastoralkonstitution „Die Kirche in der Welt von heute" Nr. 49.

[2] Die Häresie des Manichäismus bestritt etwa den göttlichen Ursprung der Ehe und wurde mehrfach, zuletzt auf dem Konzil von Trient (1545–1563), verurteilt.

lichkeit zum Ausdruck kommt, ausgeweitet“ (**Katechese vom 15. 10. 1980**).

1. Zur Würde der Leiblichkeit

Die epochalen Weisungen des heiligen Johanns Pauls können hier nur verkürzt wiedergegeben werden[3]. Sie legen mit großer Klarheit die Grunddaten unserer menschlichen Existenz dar, wählen zunächst die Sicht der Philosophie und schildern den Menschen im Naturstand. Diese Basis ist für alles Nachdenken über den Menschen die gültige Voraussetzung und schlägt sich im Kulturellen, Bürgerlichen, Staatlichen, kurz im Profanen, nieder. Unleugbar zeigt sich alles menschliche Tun und Lassen zutiefst durchdrungen von dieser seiner Leiblichkeit.

In seinen Katechesen zielt der Papst darauf, die Hochschätzung und den Glanz der Geschlechtlichkeit für die Krone der Schöpfung hervorzuheben. Er bezieht sich auf das Kapitel 2 des biblischen Schöpfungsberichts, näherhin auf die Erschaffung der Eva. Die Worte Adams: „Das ist nun endlich Bein von meinem Bein und Fleisch von meinem Fleisch“ brächten den hohen Wert der zwischenmenschlichen Beziehung und Gemeinschaft zum Ausdruck. Füreinander zu sein und sich gegenseitig zu schenken, seien nun möglich. Und diese Beziehung sei genau die positive Aufhebung der anfänglichen Einsamkeit des Menschen.

> *„Diese Aufhebung ist ursprünglich beseligend ... In dem Augenblick, in dem der männliche Mensch, der Mann, aus dem Schlaf, von dem die Genesis spricht, erwacht und die*

[3] Johannes Paul II., Die menschliche Liebe im göttlichen Heilsplan, hgg. von N. & R. Martin (Teil 1 und Teil 2), Vallendar-Schönstatt 1985.

aus ihm gebildete Frau erblickt, sagt er: ‚Das endlich ist Gebein von meinem Gebein und Fleisch von meinem Fleisch' (Gen 2,23); diese Worte drücken in einem bestimmten Sinn den subjektiv beglückenden Beginn der menschlichen Existenz in der Welt aus" (**9. 1. 1979**).

Später kommt der Papst auf den Schluss desselben Genesiskapitels zurück. Dort ist von der Nacktheit beider Stammeltern die Rede, derentwegen sie sich jedoch keineswegs schämten.

„Man darf sagen, dass die beiden – aus der göttlichen Liebe erschaffen, das heißt in ihrem Sein mit Männlichkeit bzw. Weiblichkeit ausgestattet – ‚nackt' sind, weil sie selbst frei sind in der Freiheit des Sich-Schenkens. Diese Freiheit liegt ja gerade der bräutlichen Bedeutung des Leibes zugrunde. Der menschliche Körper mit seiner Geschlechtlichkeit, seiner Männlichkeit und Weiblichkeit, ist, vom Geheimnis der Schöpfung her gesehen, nicht nur Quelle der Fruchtbarkeit und Fortpflanzung wie in der gesamten Naturordnung, sondern umfasst von ‚Anfang' an auch die Eigenschaft des ‚Bräutlichen', d. h. die Fähigkeit, der Liebe Ausdruck zu geben: jener Liebe, in welcher der Mensch als Person Geschenk wird und durch dieses Geschenk – den eigentlichen Sinn seines Seins und seiner Existenz verwirklicht" (**16. 1. 1980**).

Dem Menschen eignet nach der Bibel eine sehr hohe Qualität und Würde. Und dem Glauben ist alle Leibfeindlichkeit fremd.

„Wir befinden uns also gleichsam im Zentrum der anthropologischen Wirklichkeit, die ‚Körper', menschlicher Körper, heißt. Doch ist leicht zu erkennen, dass dieser Kern nicht nur anthropologischen, sondern auch ganz wesentlich theologischen Charakter hat. Die Theologie des Leibes, die

von Anfang an mit der Erschaffung des Menschen nach dem Ebenbild Gottes verbunden ist, wird damit gewissermaßen auch zur Theologie der Geschlechtlichkeit oder besser zur Theologie der Männlichkeit und der Weiblichkeit" (**14. 11. 1978**).

Der Papst lässt in diesem Abschnitt auch erkennen: Natürliches ist auf Nicht-Kreatürliches hin; Kreatürliches ist demnach nicht unter einer Käseglocke verschlossen. Vielmehr kann es zwischen „Schöpfungswirklichkeit" und „Erlösungswirklichkeit" zur „Interdependenz" kommen. Dennoch meint diese Offenheit beider Dimensionen zueinander keineswegs, beide Dimensionen wären deckungsgleich; „Welt" ist der Ort für Gottes Heil, aber die Welt bewirkt es nicht allein[4]. Genauer: Alles Irdische kann vom Nicht-Empirischen nicht nur Gutes, sondern auch Böses aufnehmen.

De facto hatte nach der Schöpfung des Menschen diese Offenheit dann leider auch fatale Folgen. Der erste Mensch ließ sich ein auf die Einflüsterung der Schlange: „Ihr werdet sein wie Gott" (Gen 3,4). Und seine Übertretung von Gottes Gebot verunstalten die erhabene Vollkommenheit des Anfangs. Unabsehbaren Konsequenzen wirken sich bis heute zerstörerisch aus.

Das Drama beginnt mit der Entdeckung der Nacktheit. Der Mensch versteckt sich vor Gott.

> *„Der Mensch verliert sozusagen die ursprüngliche Gewissheit von seiner Gottebenbildlichkeit, die in seinem Leib zum Ausdruck kommt. Er verliert gewissermaßen auch das Bewusstsein, dass er das Recht hat, die Welt wahrzunehmen, an der er sich im Geheimnis der Schöpfung erfreut hatte … die Wirklichkeit und den Wert seines Leibes in ganzer, ihm*

[4] Karl Rahner spricht von „Erlösungswirklichkeit in der Schöpfungswirklichkeit".

vom Schöpfer verliehener Unbefangenheit ... Die Worte in Gen 3,10: ‚Ich bekam Angst, weil ich nackt bin, und habe mich versteckt', bestätigen den Zusammenbruch der ursprünglichen Bejahung des Leibes, des Zeichens der Person in der sichtbaren Welt" (**14. 5. 1980**).

Neben vielen anderen denkwürdigen Lehren gibt der Papst – in seinem pastoralen Realismus – auch deutliche Hinweise auf die Urgewalt, die in der Sexualität liegt. Er macht sie am Begriff der „Begierde" fest. Er erinnert an die „Bekenntnisse" des Heiligen Augustinus: „Gebunden von der Sucht des Fleisches, schleppte ich meine Kette trunken von der todbringenden Wonne, ja ich fürchtete, daraus befreit zu werden, und wies das gute Zureden des Freundes zurück, als hätte mir die Hand, die mich befreien wollte, an die Wunde gestoßen." *(Buch VI, 12)*. Auch verweist er auf das alttestamentliche Buch „Jesus Sirach" (23,16–22), dem er den Vergleich der „Begierde" mit dem Feuer entnimmt.

„Wenn es im Menschen aufflammt, erfasst es die Sinne, versetzt den Körper in Erregung, beherrscht Gefühle und Empfindungen und ergreift gewissermaßen Besitz vom ‚Herzen'. Diese von der fleischlichen Begierde herrührende Leidenschaft erstickt im ‚Herzen' die aus der Tiefe aufsteigende Stimme des Gewissens, das Gefühl der Verantwortung vor Gott; und gerade das wird in dem eben zitierten biblischen Text besonders herausgestellt" **(10. 9. 1980).**

2. Isolierte Sexualität: „Begierde" statt personaler Fülle

In der Folge seiner Überlegungen vertieft der Papst den Begriff „Begierde". Er legt dar, dass der Psychologe es beschreibt als eine intensive Hinwendung zum Objekt, hervorgerufen durch seinen besonderen Aspekt; in unserem Fall ist es der sexuelle Wert. Der Papst gibt hier eine allgemein verbreitete Auffassung wieder. Im Anschluss an die Worte Christi in der Bergpredigt: „Wer eine Frau auch nur lüstern ansieht, hat in seinem Herzen schon Ehebruch mit ihr begangen"(Mt 5,28.) hebt er dann den ethischen Aspekt heraus, ohne die psychologische Auffassung zu übersehen.

> *„Die Begehrlichkeit ist, so möchte ich sagen, die Täuschung des menschlichen Herzens angesichts der ewigen Berufung von Mann und Frau, einer Berufung, die im Schöpfungsgeheimnis selbst geoffenbart wurde – zur Gemeinschaft durch gegenseitiges Sich-Schenken."*

Begierde hat also zur Folge, dass sich im Herzen des Mannes und der Frau die volle Bedeutung des Körpers und damit der Person verdunkelt. Die Weiblichkeit sei nicht länger für den Mann in erster Linie Subjekt; nicht länger ein besonderer Ausdruck des weiblichen Geistes; sie verlöre die großartige bräutliche Bedeutung des Körpers: der Fähigkeit, einer Liebe Ausdruck zu geben, in welcher der Mensch als Person Geschenk wird und sich durch dieses Geschenk verwirklicht.

> *„Der Besitzwunsch, der aus der fleischlichen Begierde entsteht ... strebt kraft ihrer Intention direkt und ausschließlich zu einem Ziel: einzig und allein die sexuellen Bedürfnisse an einem Körper als Objekt zu befriedigen"* (**17. 9. 1980**).

In einer der nächsten Unterweisungen besteht der Papst dann darauf, er trüge keine Schreibtisch-Spekulationen vor. Seine Einsichten folgten einer realistischen Anthropologie, die im Licht des Wortes Gottes gelesen wird, und sie beträfen alle Menschen.

> *„Das Verlangen, das im Bereich der fleischlichen Begierde aufsteigt, ist zugleich eine innere und eine theologische Wirklichkeit, die gewissermaßen von jedem geschichtlichen Menschen erfahren wird"* (**15. 10.1980**).

3. Der Rang der Jungfräulichkeit

Neben der Lehre über die menschliche Geschlechtlichkeit halten die Katechesen des Papstes auch seine Wertschätzung der Jungfräulichkeit fest. Seine Argumentation beginnt mit Jesu Wort an die Jünger: „Manche sind von Geburt an zur Ehe unfähig, manche sind von den Menschen dazu gemacht und manche haben sich selbst dazu gemacht – um des Himmelreiches willen. Wer das erfassen kann, der erfasse es" (Mt 19,10–12). Später macht er dann die ehelose Lebensform an weiteren Worten Christi und denen des Völkerapostels fest. So ergibt sich eine neutestamentliche Basis für die Verankerung der Jungfräulichkeit um des Himmelreiches willen.

Die Lehre Christi

Ohne Frage überliefert der Evangelist Matthäus in den zitierten Versen die authentische Lehre Christi. Sie musste in der jüdischen Gemeinde, für die gerade dies Evangelium geschrieben wurde, schockierend wirken; denn für das auserwählte Volk galt faktisch die Ehe- und Zeugungspflicht. Demnach redet der Herr von etwas mindestens Seltenem und Hervorstechendem. Ganz fern liegt Christus allerdings, in der Ehelosigkeit irgendeine Form von Leibverachtung zu predigen; wer solche Ehelosigkeit wählt, muss unbedingt um den Wert wissen, der sich aus der bräutlichen Veranlagung des männlichen und weiblichen Körpers zur Ehe ergibt. Aber es gibt eben Menschen, die Jesu Rat der Enthaltsamkeit in Freiheit wählen, weil er sie ruft. Ja, der Papst sieht sogar in solcher Ehelosigkeit eine Rückwirkung auf das Sakrament der Ehe:

> *„Man kann sagen, dass dieser Verzicht vonseiten einzelner Personen, Männer und Frauen, gewissermaßen unerlässlich ist, damit eben die bräutliche Bedeutung des Leibes im Gesamtethos des menschlichen Lebens und vor allem im Ethos des Ehe- und Familienlebens leichter erkannt wird"* **(5.5.1982)**.

Der Stifter selbst unserer Religion lenkt unsern Blick auf die Jungfräulichkeit. Jesus von Nazareth war der Sohn einer Jungfrau und selbst ehelos, weil er sich selbst um des Himmelreiches willen ehelos gemacht hat. Und es ist nur scheinbar paradox, dass gerade seine jungfräulich-bräutliche Liebe zur Kirche den definitiven Schlüssel des sakramentalen Charakters der Ehe ausmacht. Jedenfalls ist das die Lehre des Apostels Paulus. Er formuliert in seiner Ehelehre: „Dies Geheimnis ist groß; ich beziehe es auf Christus und die Kirche" (Eph 5,32). Die Ehe erhält demnach von dem Verhältnis Christi zu seiner Kirche ihre theologische Geltung. In der Verbindung zwischen Mann und Frau wird jeweils nachvollzogen, was Christus in jungfräulichem Verhältnis vorgelebt hat. Mag die Ehelosigkeit um des Himmelreiches willen auch ein Verzicht sein – sie verweist auf das Fundament der Ehe. Und sie ist nicht ohne Aktualität: Sie lässt auch eine große Gabe erkennen, eine neue, von der Egomanie verschüttete Weise der Sinnfindung: die Selbstwerdung „durch eine aufrichtige Hingabe seiner selbst" (Vaticanum II in der Konstitution „Gaudium et spes", Nr. 24).

> *„Somit hat der Ruf Christi zur Ehelosigkeit ‚um des Himmelreiches willen', der mit Recht mit dem Hinweis auf die künftige Auferstehung verbunden wird (vgl. Mt 21,24–30; Mk 12,18–27; Lk 20,27–40), eine vorrangige Bedeutung nicht nur für das christliche Ethos und die christliche Spiritualität, sondern auch für die Anthropologie und die gesamte Theologie des Leibes, deren Grundlagen wir entdecken. Bedenken wir, dass Christus, als er sich auf die Auferstehung des Leibes in der anderen Welt berief, nach der Überlieferung der drei synoptischen Evangelien sagte: ‚Wenn nämlich die Menschen von den Toten auferstehen, werden sie nicht mehr heiraten, sondern sie werden sein wie die Engel im Himmel' (Mk 12,25). Diese Worte … ge-*

hören zur gesamten Theologie des Leibes und tragen zu ihrem Aufbau bei“ **(ebd.).**

Ehe und Ehelosigkeit bei Paulus

Johannes Paul II. zieht zur weiteren Deutung der Ehelosigkeit dann die Verse des Völkerapostels im Korintherbrief heran. Dieser verkünde die von Christus stammende Wahrheit auf gleichsam pastorale Weise, offenbar als Antwort auf konkret gestellte Fragen. Die wechselseitige Beziehung zwischen Ehe und Zölibat bzw. Jungfräulichkeit bedurfte ja besonders unter Bekehrten aus der heidnischen Welt des Hellenismus nachdrücklich der Klarstellung. Auch wenn die Grundlage der Entscheidung zur Ehelosigkeit das Wort Christi ist, sind Pauli Weisungen von großem Gewicht (1 Kor 7,25–38).

Der Apostel unterstreicht klar, dass die Jungfräulichkeit, das heißt die freiwillige Ehelosigkeit, nicht auf einem Gebot beruht. Sie ist nur ein Rat, den Paulus dann den bereits Verheirateten wie denen, die noch eine diesbezügliche Entscheidung treffen müssen, und schließlich auch allen Verwitweten gibt. Seine Worte lassen keine Zweifel zu, dass die eheliche Gemeinschaft nicht sündhaft ist. Dabei verhehlt er nicht, dass der Verheiratete Gott gegenüber „geteilt ist“. Die Ausdrücke „handelt richtig“ und „handelt besser“ sind in diesem Zusammenhang völlig eindeutig. Aber er betont dennoch, dass die Wahl eines jungfräulichen Lebens freiwillig sein muss und dass nur eine so ergriffene Ehelosigkeit besser ist als die Ehe.

„Paulus antwortet, dass hier absolut nicht die Frage nach der Sünde zur Diskussion stehe. Es handle sich nicht um eine Unterscheidung von ‚gut‘ oder ‚böse‘, sondern nur von ‚gut‘ oder ‚besser‘. Später begründet er dann, warum jemand, der sich für die Ehe entscheidet, ‚gut handelt‘, und wer die Jungfräulichkeit, also die freiwillige Ehelosigkeit, wählt, ‚besser handelt‘“ **(23. 6. 1982).**

Die kirchliche Lehre hält ausdrücklich den geistlichen Vorrang der Ehelosigkeit vor der Ehe definiert. Das Konzil von Trient betont, dass es „besser und seliger sei, in Jungfräulichkeit und Ehelosigkeit zu bleiben“ (DS 1810). Und Papst Pius XII. formuliert in seiner Enzyklika „Über die Jungfräulichkeit“ (1954), die Lehre der Kirche sei, dass die Jungfräulichkeit „durch ihren hohen Wert die Ehe überragt“ (Nr. 24)[5].

[5] Der Katechismus der Katholischen Kirche verzichtet auf einen solchen Hinweis; cf. KKK 1620.

Klimatische Störungen und aktuelle Einwände

Der nüchterne Beobachter des modernen Lebensgefühls und menschlichen Intimverhaltens kann nicht umhin, den Katechesen des Papstes allergrößte Aktualität zuzusprechen. Sie reiben sich mit einem kulturellen Umschwung, der unübersehbar ist.

1. Empirische Daten

Auch distanzierte soziologische Gewährsleute stellen im erotischen Feld große Veränderungen fest. Etwa Niklas Luhmann in seiner Studie „Liebe als Passion. Zur Codierung von Intimität". Er legt dar, die moderne Gesellschaft erlaube – verglichen mit vergangenen Jahrhunderten – den persönlichen Beziehungen erheblich größere Intensität. Soziale Kontrollen der Gesellschaft und soziale Rückversicherungen durch die Großfamilie seien aufgehoben. Früher habe der wichtigste Faktor „Harmonie" im Gleichklang mit den Außenbeziehungen gelegen. Heute seien die Intimbeziehungen atomisiert. Dadurch wachse zwar ihre Bedrohung durch Instabilität. Doch sei etwas Neues eingetreten, die „Freigabe der sexuellen Beziehungen". Und eine Umkehrung zwischenmenschlicher Partnerschaft habe sich ergeben: Habe bislang die Liebe zu sexuellen Beziehungen geführt, so müssten heute sexuelle Beziehungen Liebe erzeugen. Sexualität aufzuschieben und so weit wie möglich zu negieren, würde als „kaum noch zu begreifender Irrweg angesehen"[6].

Beim Rückblick auf die Katechesen Papst Johannes Pauls II. springt ins Auge, wie weit dies Lebensmodell entfernt ist von seiner Theologie des Leibes.

[6] N. Luhmann, Liebe als Passion, Frankfurt 1982, 202 und 203.

Eine „neue Freiheit“ durchdringt alle Lebensbereiche. „Erlaubt ist, was gefällt“, heißt jetzt die Devise. Der Dichter Johann Wolfgang von Goethe hatte dieses Programm seines „Torquato Tasso“ zwar noch in die Schranken gewiesen mit dem Satz: „Erlaubt ist, was sich ziemt“. Doch solch ethisches Hemmnis ist inzwischen gefallen. „Sex sells“ rät ungeniert die Werbebranche – und praktiziert die Erfahrung. Die auf mögliche Regeln sittlichen Verhaltens hinweisen, sind „Moralapostel, Lustfeinde“. Nicht wenige Zeitgenossen haben die Praxis sexuellen Auslebens zum Inbegriff menschlicher Selbstverwirklichung und zum Gipfel aller Glückserfahrung erhoben. Besonders die Bildmedien machen dieses Fluidum erfahrbar. Und sie setzen auf dessen Attraktivität. Etwa in der TV-Empfehlung, die das Internet verbreitet. Sie enthält verschiedene Aspekte zum Messen der Anziehungskraft von Filmen. Um deren Maximum zu erreichen, kann ein Streifen es auf drei Punkte bringen. Zu den Bewertungskategorien gehören Humor, Spannung und Anspruch, aber eben auch „Erotik“. Sie stellen genau das in Aussicht, vor dem der Herr in der „Bergpredigt“ warnte: den „lüsternen Blick“ (Mt 5,28). Machen sie uns ggfs. zu Voyeuren?

Ohne Frage leben wir heute in einem neuen emotionalen Klima. Andere informierte und objektive Beobachter – etwa der große, weltweit anerkannte Philosoph Charles Taylor – sprechen vom „Zeitalter der Authentizität“. Er setzt seinen Beginn für die 60er-Jahre des vergangenen Jahrhunderts an und charakterisiert es durch „eine die Individualisierung vorantreibende Revolution“. Als ihr Angelpunkt wird ein neues Verständnis von Sexualität ausgemacht. „Den Kern dieser Revolution bildet die Sexualmoral.“ Der Veränderungsprozess habe wohl seine Zeit gebraucht und in den intellektuellen Eliten hätte sich die Entwicklung schon früher gezeigt. „In den 1960er-Jahren aber griff sie dann auf alle Schichten über. Das war offensichtlich ein tiefgreifender Wandel." Er vollzog sich durch „die Relativierung von Keuschheit und die Erklärung, Homosexualität sei eine legitime Option"[7].

Da wundert es nicht, dass für zahlreiche Anreger der öffentlichen Meinung geschlechtliche Enthaltsamkeit zum Ärgernis wird und sogar zu bekämpft ist. Sie erziehen durch das Inflationieren von Skandalen, durch das Anprangern vorgeblicher Heuchelei und machen durch Seifenopern „Moralapostel" lächerlich. Es gibt sogar einige, die direkt auf eine Umwertung biblischer Ideale zielen. Sie verstehen sich als Boten der „neuen Freiheit" und reiben sich in ihrem Eifer am Evangelium selbst. Da steht nämlich etwa der unerträgliche Satz von der Ehelosigkeit „um des Himmelreiches willen". Er muss entkernt werden. Ein grammatikalischer Trick ermöglicht die Behauptung, diese Sätze rieten keineswegs zur „Jungfräulichkeit des Reiches Gottes wegen", sie verböten lediglich „Zweitehe und Ehebruch"[8].

Als Christen haben wir solch „sexueller Revolution" zu widerstehen. Denn wir sind nicht „ein Spiel der Wellen, hin und her getrieben von dem Widerstreit der Meinungen, dem Betrug der Menschen ausgeliefert, der in die Irre führt" (Eph 4, 14). Uns leiten dauerhafte Kategorien der Orientierung – dauerhaft, weil sie von Gott geoffenbart sind. Sie geben der Ehe die gottgewollte Würde, lassen genauso wenig zu, dass die „Ehelosigkeit um des Reiches Gottes willen" dem Strudel der Sexualeuphorie geopfert wird. Johannes Paul II., der gegen allen Manichäismus in der Kirche antrat, hat uns wachgerufen. Er bleibt ein verlässlicher Lehrer, denn er befragt die Heilige Schrift.

---

[7] Ch. Taylor, Ein säkulares Zeitalter, Frankfurt 2009, 788 und 809.

[8] So S. Pastore in „BookReview" 72 (1989) Heft 8.

2. Konfusion auch unter Christen

Gewiss leben wir Christen „mitten in der Welt". Die „sexuelle Revolution" tangiert selbstredend unser aller Empfinden und Urteilen. Da erscheint nun die Ehelosigkeit um des Himmelreiches willen als pure Utopie der Weltfremden. Und es mag sein, dass selbst gläubige fromme Christen an ihre Tatsächlichkeit zweifeln: „Kann man wirklich so leben?"

Ein anerkannter Denker und Lehrer mit großem Prestige in der katholischen Kirche veröffentlichte kürzlich eine Publikation, die in kultureller Umschau das Bild des Menschen zeichnet. Er versäumt keineswegs, die Sicht der Offenbarung Gottes einzubeziehen. Im letzten Kapitel der Studie behandelt er genau unser Thema: „Ja und Nein zusammen: Keuschheit und Geschlecht". Der Text erreicht dann sogar die Jungfräulichkeit um Jesu willen und mündet in den Abschnitt: „Haben Geschlechtlichkeit und evangelische Räte miteinander zu tun?" Die Antwort knüpft bei der Lehre des Personalismus an: „Unsre Mitte liegt in einem Du und kehrt von dort zum Ich zurück." Dann wird gefolgert: „Die Bindung der zwei ist das schönste Symbol für das Göttliche" – auch wenn das Leben in geschlechtlicher Bindung „auf die Länge des Lebens ein Sich-Verlassen abfordert".

Mit solcher Erfahrung der Weggabe des Ich an das Du will der Autor offenbar den springenden Punkt für seine Antwort auf die Frage erreichen, die er an den Anfang des Abschnitts gestellt hat. Denn auch die evangelischen Räte suchen ja nichts anderes als Selbstvergessenheit – freilich um Christi willen. Also – so befindet der Anthropologe weiter – strebten letztlich doch beide kirchliche Stände ein und dasselbe Ziel an. Dies identische Ziel sei allerdings nur durch gelebte Liebe zu erreichen. Und dann zieht er seine nivellierende Quintessenz, im Lieben entfielen die Unterschiede zwischen den beiden

Formen des Christseins – eheliches und eheloses Leben: „Die Liebe zu einer Person und die Liebe zu Gott entsprechen demselben Alphabet." Erotische Hinneigung und bräutliche Gottesliebe werden also vom Autor gleichgeschaltet. Seine Untersuchung scheint dem ehelichen wie dem jungfräulichen Wege des Christseins die gleiche Würde zuzumessen.

Zum Beleg dieser Auffassung folgen zwei bekannte Namen mit lichtvollen Worten über den Reichtum der Ehe. Beide Geistesgrößen sollen die Göttlichkeit der geschlechtlichen Gemeinschaft betonen. Ein Zitat stammt von Johann Wolfgang von Goethe:

> *„Du sollst Ehrfurcht haben vor der ehelichen Verbindung; wo du Gatten siehst, die sich lieben, sollst du dich darüber freuen und teil daran nehmen wie an dem Glück eines heiteren Tages ... Du sollst mit schöner Uneigennützigkeit das Wohl der andern fördern, indem du ihnen fühlbar machst, was für ein Glück aus jeder Pflicht und besonders aus dieser entspringt, welche Mann und Weib unauflöslich verbindet."*

Das andere verweist auf Ernst Bloch (+ 1977):

> *„So tausendmal besser Liebesleid ist als unglückliche Ehe, an der überhaupt nur noch Leid ist und fruchtloses, so zerstreut sind die Landabenteuer der Liebe gegen die große Schifffahrt, die Ehe sein kann und die mit dem Alter nicht aufhört, nicht einmal mit dem einseitigen Tod."*

Der Abschnitt und die ganze anthropologische Studie schließen dann mit einem inhaltsschweren, doch bezeichnenden Satz:

> *„Wir warten auf die Ehelosen um des Himmelreiches willen, die die Erfahrung ihrer Reise ähnlich gedrängt formulieren."*

3. Notwendige Klärung

Gewiss kann jeder, der um Jesu willen ehelos bleibt, lernen von der Hingabewilligkeit des verheirateten Ich an das geliebte Du; wenn ein Eheloser sich nicht zur Selbstvergessenheit führen lässt, wird er ein selbstsüchtiger Egoman. Auch mag in dem zitierten Resümee der Untersuchung eine Aufforderung an Ehelose liegen, ihrer persönlichen inneren Gott-Seligkeit mit gewinnenden Worten Ausdruck zu geben. Dennoch ist an dieser Stelle ein Einspruch fällig. Einmal verwundert, dass der sehr belesene Autor nicht die fesselnden Äußerungen kennt, die von Ehelosen um des Himmelreiches willen schon vorliegen; einige von ihnen sollen später nachgetragen werden. Noch mehr irritiert seine subtil angedeutete Frage, ob denn Ehelose überhaupt die hingebende Liebe lernen können; die Vermutung, nur der Verheiratete habe die Chance, zum wirklich Liebenden zu werden – bei allen Zölibatären und Ordensleuten hingegen sei solche Frucht ungewiss.

So in kritisches Licht gestellt, stände die zitierte Position gegen Jesu Rat der Jungfräulichkeit überhaupt; die differenzierte Hinführung und ihr skeptischer Unterton machen ein solches Verständnis mindestens möglich. Sind die Zeilen ein Zugeständnis an den Erotismus unserer Zeit? Vermuten sie, dass heute spezifisch jungfräuliche Liebe nicht mehr lebbar ist? Dass es illusorisch ist zu denken, jemand könne auf Dauer ohne Intimverkehr mit einem anderen Menschen bleiben? Mit solchen Einwänden hätten die Fragenden auch viele gläubige Zeitgenossen auf ihrer Seite, der evangelische Rat der Ehelosigkeit täte der tiefen Sehnsucht des Menschen – wie sie vermuten – eine unwiederbringliche Einbuße.

Uns bleibt es demnach, solche Skepsis zu überprüfen. Zunächst ist die obige Behauptung zu untersuchen, die beiden Formen von ehelicher und eheloser Liebe „entsprechen demselben Alphabet“. Sie ist die Grundlage der Argumentation. Doch wer alle Liebe in „dasselbe Alphabet“ presst, verkennt ihre Differenziertheit und verbreitet Konfusion. Gottes Wort hilft, den Irrtum auszumachen und zu vermeiden. Papst Benedikt XVI. sorgt für Klärung. Seine Enzyklika „Über die christliche Liebe“ (Deus caritas est, 2005 = DCE) verwendet wohl die Hälfte des Lehrschreibens auf das Durchdenken der Liebe als solcher, ihrer „uranfänglichen schöpferischen Macht“ (so Papst Benedikt bei dessen öffentlicher Vorstellung am 23. 1. 2016). Diese tiefe Erkundung sieht nun freilich die Liebesfähigkeit des Menschen nicht als strukturloses Einerlei. Der Papst unterscheidet vielmehr einerseits den Begriff EROS, die begehrende Liebe der Natur, die auf die Ehe verweist; Johannes Paul II. hatte sie als „Begehren“ bezeichnet. Zum andern weist er auf die AGAPE, die Liebe, die Gott in sich selbst ist, wie der Apostel Johannes schreibt: „Gott ist die Liebe“ (1 Joh 4,16). Das Wort AGAPE – so Papst Benedikt – habe in den biblischen Schriften den Begriff EROS sogar fast verdrängt. Für den Apostel Paulus ist diese Liebe von Gott her „ausgegossen in unsere Herzen durch den Heiligen Geist, der uns gegeben ist“ (Röm 5,5). – Der Lieblingsjünger Johannes spricht in immer neuen Wendungen von der Liebe des Vaters zum Sohn. Auf die menschliche Gemeinschaft lässt sich dann AGAPE als himmlische Gabe nieder. In ihr kann sie sich zeigen und sie kommt als Licht und Leben unter den Menschen zum Tragen. Sie ermöglicht die Liebe zum Nächsten (cf. 1 Joh 4,20). Sie erweckt auch besondere Berufungen zum Nutzen anderer, wenn jemand mit einem Charisma beschenkt wird. In ihr wird Gott in dieser Welt anwesend. – Nach der „Geheimen Offenbarung des Johannes“ hat Christus sie in die Welt gebracht (Offb 1,5); sie gibt in den Stunden der Bedrängnis Standhaftigkeit (2,4). Sie ist im Ansturm des Bösen bedroht und in Gefahr: „Weil die Missachtung des Gesetztes überhandnimmt, wird die Liebe bei vielen erkalten“(Mt 24,12).

Die Betonung der AGAPE durch das Neue Testament will nun freilich im Glaubensdiskurs den EROS nicht diskreditieren. Anders Nygren, der schwedische Theologe, hatte in einer großen Untersuchung eine derartige Behauptung aufgestellt und geltend gemacht: „Kein Weg, auch nicht der der Sublimierung, führt von EROS weiter zu AGAPE.“[9] Seine These fand weitreichende Resonanz und verwässerte über lange Zeiten alle natürliche Liebesfähigkeit.

Dennoch sind im Glaubensdiskurs EROS und AGAPE auseinanderzuhalten, auch wenn sie sich nicht radikal voneinander trennen lassen. Wichtiger noch: In seiner epochalen Studie „Glaubhaft ist nur Liebe“[10] hatte Hans Urs von Balthasar mit seiner frappierenden Kenntnis dargelegt, dass nicht irdisches Mühen und Sehnen, sondern erst Gottes Offenbarung das Geheimnis der Liebe enthüllt. Nicht: EROS erhebt sich zu AGAPE, sondern AGAPE lässt sich zum EROS herab. So behält AGAPE beim christlichen Durchdenken der Liebe ihre Einzigartigkeit. Heilige lassen erkennen, dass AGAPE nicht verwiesen ist auf den humanen Vollzug der erotischen Anziehung; auch ohne ihn kann Liebe gnadenhaft geschenkt werden. Wenn darum Gottes herabsteigende Liebe nicht in die menschliche Beziehung eintritt – so schließlich die Enzyklika Papst Benedikts –, verfällt der EROS und verliert sein eigenes Wesen (DCE Nr. 7).

---

[9] A. Nygren, Eros und Agape, 2 Bände, Gütersloh 1930 u. 1937, hier Bd. I,35.

[10] Einsiedeln 1963, danach bis 2000 weitere fünf Auflagen.

Gewährsleute heute und gestern

Gewiss bleibt solche gnadenhafte Prägung des Herzens den Augen anderer oft entzogen, aber sie ist dennoch nicht weniger wahr. Eine „Wolke von Zeugen“ bestätigt, dass die reife AGAPE eine freie Gnade Gottes sein kann. Viele Männer und Frauen der Kirche haben das Du Gottes ohne die Ehe gefunden und bekunden es eindrucksvoll. Auch wenn ihr Heroismus den Durchschnittschristen entmutigen mag: Sie lassen eine so reife Liebe erkennen, dass sie es mit den früher erwähnten Zitaten von Goethe und Bloch leicht aufnehmen kann. Und einige dieser Zeugen sind gleichsam unsere Zeitgenossen, nicht zweifelhaft verklärt durch die Patina der Jahrhunderte.

1. Teresa von Kalkutta

Agnes Bojaxhiu, so ihr Mädchenname, haben manche von uns noch erlebt. Sie wurde am 26. August 1910 in Skopje, im heutigen Albanien, geboren. In ihrer Kindheit und Jugend lebte, lernte und spielte sie genau wie die gleichaltrigen Jungen und Mädchen ihrer Heimatstadt. Allerdings gestand sie viel später dem Erzbischof von Kalkutta, Ferdinand Périer, schon bei ihrer Erstkommunion hätte in einer großen Nähe zum Herrn den Wunsch gespürt, Jesu Liebe andern weiterzugeben:

> *„Ab dem Alter von fünfeinhalb Jahren – als ich Jesus zum ersten Mal empfing – brannte die Liebe für die Seelen in mir – sie wuchs mit den Jahren –, bis ich nach Indien kam – mit der Hoffnung, viele Seelen zu retten.“*[11]

[11] Die aufgenommenen Zitate und Nachweise stammen aus: Mutter Teresa, Komm, sei mein Licht, Regensburg 2007, hier 29. Aus drucktechnischen Gründen werden sie künftig nicht jeweils einzeln belegt.

Im Alter von 18 Jahren bat sie um die Aufnahme bei den Loreto-Schwestern, um als Missionarin nach Indien zu gehen. Sie verbrachte zunächst zwei Monate in einer irischen Niederlassung des Ordens, um Englisch zu lernen. Dann verließ sie Europa und kam nach Bengalen. Dort setzte sie im Noviziat in Darjeeling die Vorbereitung auf die heiligen Gelübde fort und legte am 25. 5. 1931 die erste Profess ab. Später schreibt sie an einen Freund:

„Wenn du wüsstest, wie glücklich ich bin als kleine Braut Jesu. Ich bin und könnte auf niemanden neidisch sein, nicht einmal auf jene, die in anscheinend vollkommenem Glück in der Welt leben."

Wonne

Diese anfängliche Seligkeit wurde Schritt für Schritt geistlicher Reifung zugeführt. Nach neun Jahren in der Gemeinschaft, für den 24. 5. 1937, standen die Gelübde für die ewige Bindung an den Orden an. Sie schreibt an ihren Seelenführen in Skopje:

„Früher hatte ich immer Angst vor Kreuzen – ich bekam immer eine Gänsehaut schon beim bloßen Gedanken daran zu leiden – doch jetzt nehme ich das Leiden von ganzem Herzen an, noch bevor es eigentlich da ist, und so leben Jesus und ich in Liebe zusammen."

Solche Bereitschaft nahm Jesus in folgenreicher Weise an. Auf dem Weg zu den jährlichen Exerzitien gab ihr der Herr ein, eine neue Gemeinschaft zu gründen. Sie hatte sich bislang schon vom Kloster aus um die Ärmsten der Armen in den Straßen der Stadt gekümmert. Nun war ihr, als hörte sie den Ruf, die Sicherheit des Klosters aufzugeben und dem Herrn in die Slums zu folgen. Sie nannte den Impuls später „die Berufung in der Berufung". Dabei entsprach ihr Ideal nicht dem einer Sozialarbeiterin – selbstredend ohne deren Herabsetzung; sie hatte eine geistliche Berufung. Gegen Ende ihres Lebens noch bestand sie darauf, der einzige und wichtigste Grund für die Existenz ihrer Kongregation „Missionaries of Charity" sei gewesen, den Durst Jesu zu stillen, sein Dürsten am Kreuz nach Liebe und nach Seelen.

Schon die Gründung der Gemeinschaft ließ sie an der erlösenden Liebe Christi teilnehmen. Über Jahre zog sich der Weg hin. Ihr geistlicher Begleiter Van Exem sowie Erzbischof Ferdinand Périer geleiteten sie durch all die Hindernisse und nur mit allergrößter Mühe – gehorsam und willensstark – erreichte sie ihr Ziel: Am 8. 8. 1948 wurde ihr durch römisches Indult das Verlassen des alten Ordens gestattet und am 7. 10. 1950 wurde die Gemeinschaft offiziell errichtet.

Freilich war dadurch die Liebeshingabe von Mutter Teresa keineswegs abgeschlossen. Bislang war sie lediglich in der streitenden Kirche fest etabliert; wie ein Magnet zog sie immer neue Berufungen an – von Schwestern und dann auch von Brüdern.

Dunkle Nacht

Im März 1953 konnte ihr Erzbischof Périer schreiben: „Es gibt genügend äußere Tatsachen, die beweisen, dass Gott Ihre Arbeit segnet." Doch trotz dieser offensichtlichen Resonanz des Werkes herrscht in der Seele der Gründerin große Dunkelheit. Nur Erzbischof Périer setzte sie in Kenntnis: „Meine eigene Seele ist ohne Tröstungen." Verständlicherweise schmerzte sie dieser Mangel sehr; sie hatte Gott ja früher als so beglückend erlebt. Und dennoch tut sie einen zusätzlichen, kaum zu ermessenden Schritt ihrer Liebe zum Herrn. Sie akzeptiert diese Leere. Gleich den Armen, die oft unbeachtet und ohne Zuneigung ihr Leben fristen, will sie verzichten auf alle Erfahrung gefühlter Verbundenheit mit Gott:

> *„Die physische Situation meiner Armen, die auf den Straßen ungewollt, ungeliebt, nicht in Anspruch genommen werden – sie sind das eigentliche Bild meines spirituellen Lebens, meiner Liebe für Jesus und dennoch hat dieser schreckliche Schmerz mich nie wünschen lassen, es anders zu haben."*

Der verstorbene Bischof Wiliam Curlin erinnerte sich an die Worte, die sie ihm 1995 in Charlotte/USA sagte:

> *„Was für ein wundervolles Geschenk von Gott, Ihm die Leere aufopfern zu können, die ich empfinde. Ich bin so glücklich, Ihm dieses Geschenk zu geben …"*

Sie hatte es gelernt, sich im Lieben selbst zu vergessen. Und durch sie steckt Gottes AGAPE auch andere an – mindestens als Bewunderung und Nächstenliebe. Das zeigt der Friedensnobelpreis, den sie 1979 erhält. Das zeigt das Wachsen ihrer Ordensgemeinschaft – auch nach dem ihrem Tod. Das zeigt sogar eine Umfrage des Instituts für Demoskopie Allensbach in Deutschland (15. 1. 2013). Gefragt wurde in ihr nach Menschen, die heute als Vorbilder gelten könnten. Nelson Mandela, Mahatma Gandhi und Albert Schweizer, aber auch Adenauer, Brandt und Sophie Scholl, waren unter den 19 Persönlichkeiten, die man wählen konnte. Mutter Teresa wurde die „Nummer eins".

2. Maximilian Kolbe

Die Lebensspuren auch eines anderen Heroen der Liebe liegen in unseren Tagen noch klar vor Augen[12]. Rajmund, so war sein Taufname, wurde am 8. 1. 1894 in Zdunska-Wola geboren. Aus materiellen Gründen musste die Familie ihren Wohnsitz wechseln; sie siedelte zunächst um in die nahe Stadt Lodz, dann nach Pabianice.

Der Junge wuchs in einer sehr gläubigen Familie auf. Die Verbundenheit mit seinem eigenen Volk war ihm in die Wiege gelegt: Sein Vater befasste sich mit patriotischen Büchern; Rajmund und seine Brüder malten dann später den Polnischen Adler auf Mauern und Zäune. Seine Frömmigkeit hingegen neigte sich schon früh der Gottesmutter zu. Als später der Gedanke der „Militia Immaculatae – Ritterschaft der unbefleckten Mutter Gottes" – bei ihm Fuß fasste, gab er als Grund an: „Ich erinnere mich, dass ich als kleiner Junge eine Statue der Unbefleckt Empfangenen zum Preis von fünf Kopeken gekauft habe." Schon damals entschied er sich, besonders auf die Liebe der Gottesmutter zu setzen und für sie zu arbeiten.

Im Jahr 1907 fand dann in Pabianice eine Pfarrmission statt. Franziskanerpatres predigten und luden zu Bekehrung und Beichte ein. Diese Begegnung eröffnete Rajmund eine neue Welt und weckte Interesse. Da gab es das Kleine Seminar der Franziskaner in Lemberg (Lviv) in der heutigen Ukraine. Der Junge verspürte den Wunsch, dorthin zu gehen. Obschon seine Eltern zunächst zögerten, stimmten sie später zu. Und er verließ sein Elternhaus. Er war gewiss ein ausgezeichneter Schüler und wuchs gleichzeitig in seiner Frömmigkeit. Über

---

12 Folgende Publikationen wurden befragt: J. Domanski, Le Père Maximilen Kolbe, Warszawa 1971; F. X. Lesch, Der selige Maximilian Kolbe, Hauteville 1974, Cappella Papale per la canonizzazione del Beato Massimiliano, Vaticano 1982.

dem Altar der Hauskapelle thronte die Gottesmutter. In seinen Memoiren schreibt er, er hätte ihr versprochen, für sie zu kämpfen.

Bindung und reiche Frucht

Krisen verschonen ihn nicht. Dennoch tritt er am 4. 9. 1910 dem Franziskanerorden bei, nimmt den Namen Maximilian an, lernt die Ordensspiritualität kennen und bereitet sich vor, um sich eines Tages auf die „Evangelischen Räte" – Armut, Jungfräulichkeit und Gehorsam – festzulegen. Auch seine theologische Ausbildung setzt er fort, zunächst in Krakau. Dann wird er wegen seiner besonderen Fähigkeiten nach Rom geschickt und studiert an der „Gregoriana" und am „Seraficum". Am 28. 4. 1919 wird er in Rom zum Priester geweiht. Dann kehrte er nach Polen zurück, um in Krakau Kirchengeschichte zu unterrichten.

Während seiner intellektuellen und geistlichen Formung bedrängten ihn zunehmend Zeichen, denen er die Gefährdung des Glaubens und der Kirche entnimmt. Unter Papst Pius X. erlebte er die Auseinandersetzungen mit dem „Reformkatholizismus" und dem „Modernismus". Der Eintritt Italiens in den 1. Weltkrieg (1915) zeigte die Unzulänglichkeit der dem Vatikan gegebenen italienischen Garantien. Schlimmer noch war 1917 das 200-jährige Gründungsfest der Freimaurer. Parolen machten die Runde: „Der Teufel wird im Vatikan regieren und der Papst wird ihm als Schweizergardist dienen." So reifte mehr und mehr seine Überzeugung, eine Schar von glaubensfesten und mutigen Getreuen um sich zu sammeln. In Übereinstimmung mit seinem geistlichen Vorgesetzten P. Stefano Ignudi, gründete er am 16. 10. 1917 mit sechs seiner Mitbrüder die Gruppe der „Ritter der unbefleckt empfangenen Gottesmutter". Für sie wurde die „Frau mit der Sonne bekleidet" (Offb 12,1) zum Schutzschild für die Verbreitung des

Glaubens. Die Jungfrau von Nazareth macht aus dem bescheidenen, sanften Franziskaner einen Apostel, der die Kirche und die Welt mit unglaublicher Kühnheit und beeindruckendem Organisationstalent aufmischte.

All seine Aktivität war getragen von seiner tiefen kontemplativen Verankerung. Er brachte sie als junger Priester 1920 während der Exerzitien zu Papier. Sie ist gerade in der knappen Form eindeutig: „Deine erste Sache ist deine eigene Heiligung. Der Eifer der Heiligung anderer entspringt aus der Fülle deiner Liebe zu Jesus Christus."

Sein erfolgreiches Leben ist Stoff für einen Roman[13]. Hier können nur einzelne Stationen angezeigt werden. Da ist die Gründung und der Ausbau von Niepokalanow, „ein Ort, der für die Unbefleckte ausgesucht wurde und der nur der Verbreitung ihrer Verehrung dienen soll". Der Konvent beginnt mit 18 Mönchen und wird am 21. 11. 1927 benediziert. Die Berufungen mehren sich. 1939 ist das Kloster mit 762 Ordensleuten (Patres, Novizen, Professen, Seminaristen) eines der größten der Welt. – Dann seine Wendung zur Weltmission. Obwohl das Kloster im Februar 1930 noch klein ist, erreicht P. Maximilian die Zustimmung der Oberen zum Apostolat im „Fernen Orient". Mit vier Brüdern macht er sich auf den Weg: Marseille – der Suezkanal – der Indische Ozean; er will das unermessliche Asien für die Unbefleckt Empfangene erobern. Schon auf dem Schiff versucht er zu missionieren. Port Said, Saigon, Shanghai sind dann die Stationen, in denen die Franziskaner zunächst ihre christliche Botschaft verbreiten. Am 24. April landen sie in Nagasaki; der Bischof Hajasaka empfängt sie mit Begeisterung. Neben der – schon aus Sprachgründen – schwierigen Pastoral beginnen sie schon bald mit dem Druck

[13] Er wurde übrigens schon geschrieben vom Schweizer Schriftsteller Walter Heinrich/Pseudonym Henri Walter, Der Pelikan, Zürich 1987.

ihrer Missionszeitschrift, des „Ritters", auf Japanisch. Dann folgt bald die Gründung eines japanischen „Niepokalanow". Trotz himmelschreiender Armut wächst das Werk. 1936 ist die Auflage der Zeitschrift auf 65 000 gewachsen.

Selbsthingabe

Vitalität, Eifer und Tragweite dieses Helden der „Unbefleckten Empfängnis" sind beispiellos und fesselnd!

Vollends überwältigt jedoch die Begegnung mit dem Lebensende dieses Paters. Am 13. 9. 1939 besetzten die deutschen Besatzer Niepokalanow. Fast alle Bewohner sollten in deutsche Gefangenenlager deportiert werden. Es ging zunächst über Amtitz nach Ostrezeszow (Westpreußen). P. Maximilian sah die Verschleppung nicht als Katastrophe, sondern als Möglichkeit des Apostolats: „Wir gehen missionieren", habe er gesagt. Im Dezember konnten sie überraschenderweise zurück in ihr Kloster. Dort erfährt er mit Schrecken, dass 3000 deportierte Landsleute aus West-Polen Quartier brauchten. Er tut alles, um ihre Bleibe möglich zu machen. Unter ihnen befanden sich 2000 Juden.

In Niepokalanow ging trotz allem das Leben weiter. Am 1. 2. 1940 erschien dann eine bösartige Reportage über das Kloster in der „Warschauer Zeitung". Es folgten bald die ersten Verhaftungen: P. Maximlian mit vier weiteren Priestern. Nach einer Zeit im Warschauer Gefängnis wurde er im Mai 1941 nach Auschwitz verbracht. Zusammen mit anderen Priestern („diese Tagediebe und Schmarotzer der Gesellschaft", hieß es) wurde er von bestialischen Aufsehern zu schwerster körperlicher Arbeit herangezogen.

Eines Tages passierte etwas Beispielloses. Franz Gajowniczek aus Rezow, geb. am 15. 11. 1901, hat dazu unter Eid folgende Aussage gemacht:

„In der Erntezeit in den letzten Julitagen 1941 floh bei sich bietender Gelegenheit ein Auschwitzer Gefangener aus meinem Block. Beim Abendappell musste unser Block in Zehnerreihen antreten: Zehn Gefangene aus dem Block wurden als Vergeltungsmaßnahme für die Flucht des einen zum Tod verurteilt. Der Lagerführer Fritsch, begleitet vom Rapportführer Palitsch, traf die Auswahl. Das Los traf auch mich. Mit den Worten: ‚Ach, meine Frau und meine Kinder, die ich als Waisen zurücklasse …' ging ich ans Ende des Blockes. Ich sollte in die Todeszelle zum Verhungern gehen.

Diese Worte hörte P. Maximilian Kolbe, ein Minoritenpater aus Niepokalanow. Er trat aus der Reihe, ging auf den Lagerführer zu und sucht ihm die Hand zu küssen. Fritsch fragte den Dolmetscher: ‚Was will das Polenschwein?'

P. Maximilian deutete mit dem Finger auf mich und erklärte sich bereit, für mich in den Tod zu gehen. Mit einer entsprechenden Handbewegung und dem Wort: ‚Raus!' hieß mich der Lagerführer heraustreten, an meinen Platz stellte sich P. Maximilian Kolbe. Kurz darauf führte man sie ab in die Todeszelle. Uns befahl man, auf die Blocks zu gehen."

Kardinal Karol Wojtyla berichtete später noch weitere Einzelheiten über diesen wirklich denkwürdigen Augenblick. Er hat zur Seligsprechungsfeier am 17.11. 1971 eine Ansprache gehalten, die festhält, P. Maximilian habe auf die Frage des Lagerführers hin geantwortet: „Ich bin ein katholischer Priester." Der Erzbischof von Krakau folgert aus diesen Worten den engen Zusammenhang zwischen dem Angebot des geweihten Mannes und der spontanen Bereitschaft, sich zu verschenken. Hier verbindet sich die AGAPE des Zölibats mit totaler Selbstvergessenheit. Mehr noch: Immer in seinem Leben hatte P. Maximilian an allen Orten und in allen Situationen die Gelegenheit genutzt, Missionar zu sein; Christi Wort und Heilstun andern mitzuteilen. Auch diesmal sollten offenbar die neun anderen Kandidaten auf ihrem Wege zum Tod nicht ohne geistliche Begleitung und Tröstung sein. So wird denn auch berichtet, dass die Sterbeverließe des Hungerbunkers immer wieder für eine Zeit widerhallten von Verwünschungen und Hilferufen. Bei der Gruppe um P. Maximilian war es anders. Aus dem „Seinigen" konnte man vor dem endgültigen Verlöschen der letzten Stimmen laute Gebete und sogar Lieder hören. Gottes AGAPE, die den Priester Maximilian ganz erfüllte, verbreitete offenbar die Hoffnung auf das ewige Leben.

Der Pater überlebte zwei Wochen – ohne Wasser und Brot. Am 14. 8. 1941 spritzte man ihm und den noch vier Überlebenden das totbringende Gift in den Arm.

Papst Johannes Paul II. nahm seinen Landsmann am 10. 10. 1982 in die Schar der Heiligen auf.

3. Blaise Pascal

Nicht arm ist unsere Glaubensgemeinschaft, wenn wir Männer und Frauen suchen, deren Leben Gott mit seiner Liebe füllte, obgleich sie nicht verheiratet waren. Wir wissen um sie nicht nur, weil sie unsere Zeitgenossen waren. Auch Dokumente der Vergangenheit halten die Erinnerung an sie wach. Ihre Verlässlichkeit verhindert, sie mit einer falschen Gloriole zu mystifizieren.[14] Der geniale französische Wissenschaftler Blaise Pascal ist einer von ihnen. Er wurde am 19. Juni 1623 in Clermont/Auvergne geboren. Schon als Kind zeigte er durch sein Interesse und seine Antworten einen besonders wachen

[14] Vgl. zu den hier knapp vorgestellten Persönlichkeiten ausführlicher P. J. Cordes, Spurensicherung. Mystiker bezeugen Gott, Kevelaer 2012. Diese Studie enthält die Fundstellen für die nachfolgenden Daten und Aussagen; in besonderen Fällen werden sie hier zusätzlich belegt.

Geist. Die Mutter starb, als er erst drei Jahre alt war. Auch aus diesem Grunde übernahm der Vater allein die Erziehung seiner Kinder. Blaises Vater selbst war in Frankreich bekannt als Mathematiker. Er verkehrte mit bedeutenden Vertretern dieser Disziplin. Seinem Sohn trachtete er die Mathematik jedoch zunächst vorzuenthalten; denn er kannte ihre Faszination und befürchtete, der aufgeweckte Junge würde die Mühe des Lernens von Latein und anderen Sprachen verschmähen, hätte er erst einmal die Mathematik geschmeckt.

Eines Tages überrascht ihn der Vater. Blaise hatte mit einem Stück Kohle mathematische Figuren auf die Fliesen gezeichnet. Er suchte noch die Mittel, um einen vollkommen runden Kreis herzustellen, ein Dreieck mit gleichen Seiten und Winkeln und Ähnliches. Vom Vater wollte er sich dann die geometrischen Figuren erklären lassen. Doch dieser war erschüttert über den Scharfsinn seines Sohnes. Er verließ ihn wortlos und eilte zu einem nahen Freunde, einem Kollegen, den die Biographin auch mit Namen nennt. Dort blieb er wie in Trance stehen und konnte seine Tränen nicht zurückhalten. Dann gab er den Grund an: „Sie wissen, welche Mühe ich mir gegeben habe, meinem Sohn die Kenntnis der Geometrie fernzuhalten, aus Angst, ihn von anderen Studien abzulenken – aber nun sehen Sie an, was er gemacht hat.“ Er führte ihn zu dem kleinen Pascal. Und beide dachten, er hätte gewissermaßen die Mathematik neu erfunden.

Das *Memorial*

Pascals denkerische Unruhe und sein religiöses Suchen bekommen schließlich eine Antwort in einem höchst ungewöhnlichen Ereignis: in Pascals Gottesbegegnung. Wir wissen um sie, weil er sie entsprechend seiner naturwissenschaftlichen Vorbildung minutiös aufgeschrieben hat. Er wollte sie offenbar mit der Akribie der exakten Wissenschaft festhalten.

Er nennt den entstandenen Bericht *Mémorial.* Dieses Blatt ist von Kennern eines der seltsamsten und eindrücklichsten Dokumente einer christlichen Glaubenserfahrung genannt worden. Dabei geben ihm solche Qualität neben der Außergewöhnlichkeit des Geschehens die Beobachtungsgabe ebenso wie die Glaubwürdigkeit des Autors.

Auch die Geschichte der Entdeckung dieses Erinnerungsblattes lässt aufhorchen. Eine kritische Ausgabe der Pascalschen Werke hält die Umstände fest. Nach Pascals Tod bemerkte ein Diener des Hauses zufällig, dass im Rockfutter vom Gewand des Verstorbenen etwas steckte, das sich abhob. Er trennte die Stelle auf und fand ein kleines Pergament, „gefaltet und von Herrn Pascals Hand beschrieben". In dem Pergament selbst lag außerdem ein zweites Papier von gleicher Handschrift, das eine genaue Abschrift des andern Papiers war. Pascals Schwester und einige Freunde kamen überein in der Beurteilung: Bei den Dokumenten musste es sich um eine Art von Denkschrift handeln. In ihr wollte der Verstorbene etwas Wertvolles wachhalten, damit es alle Zeit seinen Augen und seinem Geiste gegenwärtig sei. Schließlich hatte er sich seit acht Jahren die Mühe gemacht, es vor allen Bekannten zu verbergen und immer wieder eigenhändig einzunähen, sooft er sich ein neues Kleid machen ließ.

Er hält die begleitenden Umstände mit kühler Nüchternheit fest. Hier nur wenige Sätze:

> *„Von ungefähr zehn und einhalb am Abend bis ungefähr eine halbe Stunde vor Mitternacht."*

Schon die Zeitangabe sagt: Es war kein punktueller Blitz, sondern ein langes Verkosten.

Dann die bewegenden Zeilen:

„FEUER …

*Gott Abrahams, Gott Isaaks, Gott Jakobs,
nicht der Philosophen und Gelehrten."*

Die Wirkung des Geschehens auf ihn:

*„Gewissheit, Gewissheit. Empfindung, Friede, Freude.
Gott Jesu Christi."*

Und seine Schlussfolgerung:

*„Vergessen der Welt und aller Dinge, ausgenommen GOTT.
Er wird nur auf den Wegen gefunden, die im Evangelium gelehrt sind."*

Der Denker beobachtet sich:

„Größe der menschlichen Seele."

Erneute Hinwendung zu Gott, der ihn unendlich beglückt hat:

*„Gerechter Vater, die Welt hat dich nicht erkannt, ich aber habe dich erkannt.
Freude, Freude, Freude, Tränen der Freude."*

Und schließlich:

*„Vollkommene, innige Entsagung,
Vollkommene Unterwerfung unter Jesus Christus und unter meinen geistlichen Führer."*

Dichter kann wohl niemand seine beglückende Auslieferung an den Sohn Gottes beschreiben.

Überwältigend

Das Ereignis überfällt Pascal in einer Phase starker Depression. Geistlich müsste man von tiefster Dunkelheit der Seele sprechen. Wir wissen das von seiner Schwester, mit der er sehr vertraut war. Das *Mémorial* bezeugt, wie sich ein Mensch aufgrund der Erfahrung der Nähe Gottes mit Entschiedenheit an

Gott festmacht – wobei selbstredend unterschiedliche Grade solcher Auslieferung an Gott denkbar sind. Dabei bestätigt ihm die Bibel die Äußerungen seines jubelnden Glücks. In ihr erhalten solche Erfahrungen Ausdrücke wie „Gottes Herrlichkeit begegnen" oder der „Heiligen Hochzeit" gewürdigt werden – auch wenn derartige Umschreibungen die gemeinten Wirklichkeiten nur hilflos andeuten. Der Prophet Ezechiel etwa hat eine Erscheinung Gottes und beschreibt sie zusammen mit den vier Lebewesen in bezaubernden Einzelheiten: Feuer, Fackeln, Gold, blinkende Bronze, Kristall, Chrysolith und Saphir (1,1ff.). Auch im Neuen Bund ist die Herrlichkeit Zeichen des überwältigenden Glanzes, der von Gott kommt. Der Diakon Stephanus sieht Gottes Herrlichkeit kurz vor seiner Hinrichtung (Apg 7,55). Den Apostel Paulus überfällt sie auf seinem Weg nach Damaskus (Apg 9,1ff.); sie ist auch für ihn ein Attribut Gottes: „strahlende Einsicht von der Gottesherrlichkeit auf dem Antlitz Christi" (2 Kor 4,6) nennt er sie.

Christozentrisch

Pascals Anker in den Turbulenzen seiner Gottsuche und Gottesbegegnung ist Jesus Christus. An vier Stellen benennt das *Mémorial* direkt seinen Namen. Der Mann aus Nazareth wird für alle Religion zur „kopernikanischen Wende". Er hat nämlich alle Versuche des Menschen, ohne fremde Hilfe von sich selbst loszukommen, eines besseren belehrt. Der platonische Eros, das Sehnen des Buddhismus und des Hinduismus, die Entpersönlichung und das „Entwerden" im Islam – sie alle müssen den Weg des „Aufstiegs" aus eigener Kraft gehen. Sie geben sich alle Mühe, ihrer „Ich-Struktur" zu sterben. Christus aber steht quer zum mühevollen Erlernen selbstloser Liebe. Er bringt uns Gottes AGAPE, wir bekommen sie kostenlos in dem Maß, in dem wir uns an ihn ausliefern. Damit wir dieses Geschenk besser erkennen, gibt uns die Kirche einen „Geistlichen Führer". Pascal findet ihn in dem Priester Antoine Singlin; denn um Gottes neu erfahrener Huld in seiner Seele Raum zu geben, war das Hindernis „Welt" wegzuschaffen, das ihn in seinen vielen Formen bislang beherrschte.

Port Royal

Der Weltmensch Blaise Pascal näherte sich nach seiner inneren Erschütterung zaghaft einer katholischen Erneuerungsbewegung an, die von der Abtei der Zisterzienserinnen Port Royal in Paris ausging. Ihr transparenter Glaube und ihre lautere Moralität zogen ihn an. Wohl aus dieser Zeit stammt eine berührende Betrachtung, die uns sein Bild über Jesus Christus erkennen lässt – den Christus am Ölberg[15]. Hier einige Zitate:

> *„Als Jesus sieht, dass alle seine Freunde schlafen und alle seine Feinde wach sind, überantwortet er sich völlig dem Vater."*

An anderer Stelle spricht Jesus zu ihm:

> *„Tröste dich, du würdest mich nicht suchen, wenn du mich nicht gefunden hättest …*
> *Ich bin dir gegenwärtig durch mein Wort in der Schrift, durch meinen Geist in der Kirche und in den Erleuchtungen, durch meine Macht in den Priestern, durch mein Gebet in den Gläubigen."*
> *„Herr, ich gebe dir alles"*, ist seine Antwort.

Nicht im philosophischen oder naturwissenschaftlichen Nachdenken noch durch die eheliche Verbindung findet er dazu, sich in Liebe auszuliefern. Gottes AGAPE ist allen natürlichen Wegen zuvorgekommen. Und er selbst kann uns Nachgeborenen zu einem machtvollen Bürgen werden, dass Gott kein Phantom ist.

---

[15] Pensées, Fragment 553.

4. Mechthild von Magdeburg

Eine andere Zeugin der Gottesliebe wurde der Kirche im 13. Jahrhundert gesandt. Die Mystikerin Mechthild erblickte das Licht der Welt irgendwo in der Nähe von Magdeburg. Es muss um das Jahr 1207 gewesen sein; das genaue Datum kennen wir nicht. Wir wissen nur aus ihren Schriften, dass sie Gottes Gegenwart inne wird, als sie noch sehr jung ist.

> *„In meinem zwölften Jahr, da ich allein war, kam der Sturm des Heiligen Geistes über mich und grüßte mich so ungestüm, dass ich mich von dieser Stunde an nie einer Todsünde ergeben wollte. Und der vielgeliebte Gruß kam alle Tage zu mir und tat mir süßes Weh der Liebe. Und doch wächst und glüht alle Tage die Süßigkeit und Herrlichkeit aller Welt. Das geschah mir vor einunddreißig Jahren."*

Ihr weiteres Leben verläuft zunächst in aller Stille. Mit etwa zwanzig Jahren tritt sie einer frommen Gemeinschaft von Witwen und Jungfrauen bei, den Beginen, die ohne eigenes Klostergelübde in der Spiritualität des heiligen Dominikus ein mehr oder weniger klösterliches Leben führen. Sie möchte sich Gott ganz übergeben.

Auf Drängen ihres Beichtvaters, des Dominikaners Heinrich von Halle, beginnt sie dreißig Jahre später ihre geistlichen Erfahrungen aufzuschreiben. Es entstehen teils hochpoetische Verse und Hymnen, die die Wonne und die Qualen ihrer seelischen Erfahrung mit Gott schildern. Sie wird auch ihre Naivität inne:

> *„All mein Lebtag, eh ich dieses Buch begann und von Gott ein einziges Wort davon in meine Seele kam, da war ich einer der einfältigsten Menschen, die je im geistlichen Leben waren. Von des Teufels Bosheit wusste ich nichts. Die Armseligkeit der Welt kannte ich nicht. Geistlicher Leute Falsch-*

heit war mir auch fremd. Ich muss jetzt aber sprechen Gott zur Ehre und auch wegen des Buches Lehre."

Gottes Nähe

Ihre Aufzeichnungen finden unter dem Titel „Das fließende Licht der Gottheit" bald weite Verbreitung. Für Mechthild ist Gott ein ewig fließender Brunnen, ein sich in seinen Gaben verschenkender Gott. In Mechthilds Werk durchdringen sich die Bilder „Licht" und „Wasser" fortwährend. Sie formuliert eine kaum noch zu steigernde Nähe zwischen der Seele und dem personalen Gott.

„Jesus, viellieber Freund, lass mich in wahrer Ruhe und in herzliche Liebe zu dir hineilen und lass mich nimmer erkühlen. Wenn ich deine herzliche Minne in meinem Herzen und in meiner Seele und in meinen fünf Sinnen und in allen meinen Gliedern ohne Unterlass empfinde, dann kann ich nicht erkühlen. Du weißt wohl, wie du die Saiten meiner Seele rühren kannst. Beginne damit sogleich, dass du immer selig sein mögest. Ich bin eine unedle Braut, du aber bist mein edler Gemahl. Darüber will ich mich immer freuen … Ziehe mich hinauf zu dir, Herr, dann werde ich rein und klar. Lässest du mich in mir selber, so bleibe ich in Schwere und Finsternis."

Solch mystische Intimität scheut nicht die Sprache der Liebe, wie wir sie etwa aus dem „Hohen Lied der Liebe" des Alten Bundes kennen; erotische Terminologie wird nicht ignoriert. Doch unterscheidet sich Mechthild erkennbar und wohltuend von einer Sprache geistlichen Minnespiels, wie sie später andere Frauen in Klöstern gebrauchen: Mechthild formuliert nichts Weltfremdes, Gekünsteltes oder gar Schwüles. Ihre Bilder sind geordnet, schlicht und frei von jedem Verdacht trüber Sinnlichkeit. Sie bleibt mit beiden Füßen auf der Erde.

Gleichzeitig erfährt sie die Not, von Gott entfremdet zu sein und sich von ihm verworfen zu fühlen. Ihre Schilderungen gehören zu den stärksten in der ganzen bekannten mystischen Literatur. Solche Formen der „dunklen Nacht" widerfährt wohl denen, die Gott wirklich bis zum Grund hinab suchen. Mechthild flieht diese Dürre jedoch nicht. Sie rät sogar, solche Drangsale willkommen zu heißen.

Kirchliche Missstände

Doch Mechthild verschließt sich nicht in ihre Gottesnähe; sie begnügt sich nicht mit dem Sehnen nach seiner Liebe. Sie sucht, die Liebe des dreifaltigen Gottes im Umgang mit andern strahlen zu lassen; diese Liebe weiterzugeben – vom Morgen bis zum Abend, wenn möglich „bis zum Ende der Zeiten". Ihr Blick bleibt offen für Kirche und Welt. So kann sie nicht umhin, die Missstände im Welt- und Ordensklerus und besonders bei den von ihr so verehrten Dominikanern zu benennen. Das schafft ihr – wie zu erwarten – bald allerlei Anfeindungen. Betroffene machten Stimmung gegen sie. Ihren Aufzeichnungen vermerken nicht ohne Bitterkeit, Verleumdung und Ungerechtigkeit. „Zündende" Reaktionen drohen ihr:

> *„Ich wurde vor diesem Buch gewarnt.*
> *Und von Menschen so belehrt:*
> *Wolle man es nicht begraben, dann solle mein Brand*
> *darüber fahren."*[16]

Solches Anzünden der Bücher war im Mittelalter nicht selten der erste Schritt zur Verbrennung einer Autorin. Doch Mechthild reagiert klug. Sie begibt sich in den Schutz des Zisterzienserinnenklosters von Helfta. Dort findet sie nicht nur Aufnahme, sondern auch Mitschwestern im Geist: Mechthild von Hackeborn und später dann Gertrud die Große.

---

[16] In M. Gerwing, Theologie im Mittelalter, Paderborn 2000, 202.

Das Geschenk der außergewöhnlichen Gottverbundenheit macht die Seherin demnach nicht selbstzufrieden oder gar stolz. Nie vergisst sie den, der sie beschenkt hat, sondern bleibt demütig. Bevor sie in fortgerücktem Alter mit ihrem theologisch und poetisch bedeutenden Werk „Das fließende Licht der Gottheit" an die Öffentlichkeit tritt, wendet sie sich voller Zweifel nochmals Gott zu:

> *„Milder Gott, du weißt doch, dass ich töricht und ein geringer Mensch bin an Leib und Seele. Diese Dinge solltest du weisen Menschen geben, dann möchtest du darum gepriesen werden. Da sprach unser Herr: Du sollst mir gehorsam sein und dich hingeben. Du sollst lange wund sein, aber ich will dich pflegen, und was du nötig hast an Leib und Seele, will ich dir geben! Da ging ich Arme demütig und beschämt zu meinem Beichtvater, sprach ihm von dieser Rede und bat ihn, mich zu belehren. Er sagte, ich solle es (sc. das Buch) frohen Herzens vollenden."*

Die liebende Antwort der Ordensfrau auf Gottes AGAPE mag bis heute anstecken mit ihrer tiefen geistlichen Sehnsucht und ihrer unbegrenzten Hingabe:

> *„Dass der Mensch ohne Unterlass mit Gott eins sei, das ist himmlisches Entzücken, über alle Lust dieser Erde. Wie kann uns solches geschehen? Höre! Unser Verlangen soll nie unser Werk verlassen und wir sollen ohne Unterlass unser Werk prüfen durch Glauben und die Erkenntnisse des Göttlichen. Dann preisen wir Gott unsern Herrn mit all unsern Werken um all seiner Werke willen, die er ja aus Liebe zu uns auf dieser Erde tut … Und dann strömt die Liebe in unser Herz, unsere Sinne schließen sich auf und unsere Seele wird so klar, dass wir in die göttliche Erkenntnis schauen, gleichwie ein Mensch sein Antlitz in einem klaren Spiegel betrachtet."*

Die Mystikerin Mechthild starb um 1282 im Ruf der Heiligkeit im Kloster Helfta.

5. Heinrich Seuse

Neben Mechthild, der Frau, soll aus dieser Zeit auch ein Mann zur Sprache kommen. Empfinden und Wortwahl des Mittelalters mögen uns zwar ungewohnt, vielleicht auch seltsam erscheinen. Doch wenn wir heute vielleicht auch unsere inneren Strebungen anders deuten, mit anderen Worten zu fassen versuchen und vor allem bei ihrer Mitteilung an andere auf Achselzucken stoßen – so hat sich doch die Natur des Menschen als solche nicht verändert. Besser gesagt: Die Berichte wecken wichtige Erkenntnisse. Einmal zeigen sie die oft vergessene Tatsache, dass Gott sich zu seinen Geschöpfen in Liebe neigen will. Dann können die Zeugen uns ferner bereit machen, dass auch wir uns ihm öffnen.

Wenig später als Mechthild lebte der Dominikanermönch Heinrich Seuse. Er war im Mittelalter offenbar einer der verbreitetsten Autoren: Von seinen Werken liegen über fünfhundert Manuskripte vor. Kenner der mystischen Theologie sind davon überzeugt, dass in diesen Jahrhunderten kein Geistesmann mehr gelesen wurde und keiner repräsentativer ist für die vielen anderen, damals verbreiteten Frömmigkeitsströmungen. Gegen Ende seines Lebens besorgte er selbst aus Gründen theologischer Präzision eine endgültige Ausgabe seiner deutschen Werke.

„geschwinde ker“

Der Glaubenskünder Pater Heinrich stammte aus Konstanz. Schon mit dreizehn Jahren trat er gegen die kanonische Regel in den Dominikanerkonvent seiner Geburtsstadt ein. Später folgte die theologische Ausbildung, zuerst in Straßburg (1319), dann das *Studium generale* in Köln (1323). Zwischen 1330 und 1334 steht er danach als Prior dem Konvent seiner Heimatstadt vor. Als er siebzehn oder achtzehn Jahre alt ist, durchbricht Gott seine Frömmigkeitsroutine. Ihm widerfährt ein einschneidendes Bekehrungserlebnis; er nennt die „geschwinde ker" und datiert sie genau auf die Mittagszeit des 21. Januar. In seiner Lebensgeschichte („Vita") nimmt er sich bei der Schilderung – ähnlich dem Apostel Paulus – selbst zurück und beschreibt sie in der dritten Person. Diese steht allein und niedergeschlagen in der Klosterkirche am Chorgestühl. Und plötzlich

> *„ward seine Seele entrückt, ob im Leib, ob außer ihm, wusste er nicht. Was er da sah und hörte, lässt sich nicht in Worte fassen. Es hatte weder Form noch bestimmte Art und hatte doch aller Formen und Arten freudenreiche Lust in sich. Des Dieners Herz verlangte danach und fühlte sich doch gestillt, sein Sinn war freudevoll und bewegt; Wünschen war ihm entfallen, Begehren entschwunden; er starrte nur in den hellen Abglanz, in dem er sich selbst und alles um sich vergaß."*

1346/47 lebt er wieder am Bodensee. Es ereilt ihn eine schlimme Beschuldigung: Er soll seine Vertrauensstellung missbraucht und mit einer seiner Beichttöchter ein Kind gezeugt haben. Es folgte eine genaue und demütigende Untersuchung durch die Ordensleitung, die jedoch seine Unschuld ans Licht bringt. Die Verleumder sterben unerwartet und in kürzester Zeit – offenbar an der in Europa um sich greifenden Pest. Besonders schmerzt den Mann Gottes, dass sich in der Zeit seiner Anklage etliche Freunde von ihm abwandten. Auch er bleibt also nicht davor verschont, das Erlöserkreuz Christi zu tragen.

Die Schriften des Dominikaners lassen erkennen, dass er der höfischen Sprache der Minnesänger zugetan ist. Mit ihrer Hilfe hebt so auch die emotionalen Kräfte des Menschen ins Wort. Für ihn verdichtet sich die liebende Begegnung in der Brautmystik. Er widersteht freilich jeder Selbstsucht sentimentalen Verkostens, da sein Denken immer zur Passion Christi hin offenbleibt.

Besonders zartfühlend ist das Gespräch, das man bei ihm im „Büchlein der Ewigen Weisheit" nachlesen kann. Er berichtet selbst, die Gedanken seien ihm gekommen, als er eines Tages stumpf und empfindungslos Christi Leiden betrachtet habe. Er habe sie dann in die Form eines vertrauten Gespräches zwischen der zweiten göttlichen Person und ihrem Diener gekleidet, wobei diese göttliche Person sowohl als weibliche Ewige Weisheit wie auch als männlicher Partner spricht.

> „Der Diener: *Herr, ich überdenke die Lockung der Minne, da du von dir selber im Buche der Weisheit (24,24.27; 40,20) sprachst: ‚Kommt alle zu mir, die meiner begehret, von meinen Geburten werdet ihr erfüllt. Ich bin eine Mutter der schönen Liebe, mein Geist ist süßer als Honig und mein Erbe über Honig und Honigseim. Edler Wein und süßes Getön erfreuen das Herz, aber mehr als beides ist der Weisheit Minne.'*
>
> *Zarter Herr, du kannst dich selber so minniglich und zärtlich darbieten, dass alle Herzen nach dir verlangen möchten und einen sehnenden Jammer nach deiner Minne haben. So sprich denn, mein einziger, auserwählter Trost, ein einziges Wörtlein zu meiner Seele, zu deinem armen Diener! Denn unter deinem Schatten bin ich süß entschlafen, aber mein Herz wacht.*
>
> Antwort der Ewigen Weisheit: *Ich stelle mich zärtlich vor deines Herzens Augen und nun ziere und kleide mich in geistlichem Sinne und gib mir alles, was dein Herz zu sonderlicher Minne und Liebe und zu ganzer Herzenslust bewegen kann: das alles und alles, was du und alle Men-*

schen erdenken können an Gestalt, an Zierde, an Gnade, ist in mir noch wonniglicher, als es jemand auszusprechen vermag… Ich bin von hoher Geburt, von edlem Geschlechte; ich bin das minnigliche Wort des väterlichen Herzens, an dem seine Augen ein Wohlgefallen haben in der süßen, aufflammenden Liebe des Heiligen Geistes. Ich bin doch so traulich zu minnen, so lieblich zu umfangen und so zärtlich zu küssen der reinen minnenden Seele, dass alle Herzen nach mir streben sollten. Ich bin so klein und zugetan und der lauteren Seele zu allen Zeiten gegenwärtig. Ich wohne ihr heimlich bei zu Tisch und Bett, zu Weg und Steg. Ich kehre mich hin, ich kehre mich her. In mir ist nichts, das missfalle; in mir ist alles, was da wohlgefällt nach Herzenswunsch, nach Seelenbegierde. Diejenigen, die lieben, werden von meiner süßen Minne umgeben und eingetaucht in das eine Ein (Gott), ohne Bilder der Minne und ohne gesprochene Worte, und sie werden frei und heimgeführt in das Gut, von da sie geflossen sind.

Der Diener: *Wunder, o Wunder, wohin bin ich geführt? Wie bin ich so ganz verwirrt, wie ist meine Seele so ganz zerflossen von den freundlich süßen Worten des Geliebten! Kehre deine lichten Augen von mir, denn sie haben mich ganz entrückt! O weh, o Wunder ob allen Wundern, dass dessen Herz nicht ganz vor Liebe zerfließt, wer dich so mit den Augen des Herzens schaut …*

Antwort der Ewigen Weisheit: *Ich komme denen zuvor, die mich suchen, und empfange die mit liebreicher Freude, die nach mir begehren. Alles, was du auch in der Zeit empfinden magst von meiner süßen Minne, das ist im Vergleich zur Minne der Ewigkeit wie ein Tröpflein gegenüber dem Meer.*“

Um bei dem ihm Anbefohlenen der göttlichen AGAPE Raum zu schaffen, nutzt der Selige Bilder höfischer Liebeslieder. In ihnen entwirft er Christi Brücke zu den Menschen. Den Prozess, sich von Christus ganz erfüllen zu lassen, ist als Liebesbegegnung „der Minne Spiel". Solche Vereinigung bleibt demnach auch kein rein mentaler Vorgang. Die Begegnung Christi mit uns wird in der Feier der Eucharistie und im Empfang seines Leibes und Blutes sakramental greifbar:

> *„Mit heißesten Gefühlen und innigsten Gedanken so schmücke für ihn die Herberge deines Herzens wie mit roten Rosen und hellweißen Lilien. Breite das Brautgemach für solch hohen Bräutigam mit dem wahren Frieden deines Herzens. Und fühlst du dann seine Gegenwart, schließe ihn in die Arme deines Innern, schließe aus alle irdisch vergängliche Liebe und schließ ein den himmlischen Bräutigam … Glücklich, wer dies mit seinem inneren Kosten empfangen durfte, wer dies mehr durch wahres Erleben als durch Worte oder Schriften erkannte. In dieser seligen Vereinigung liegt ekstatische Kontemplation und außerordentliches Genießen der Anwesenheit jenes höchsten und wahren Gutes, das die Seele hinanzieht und eine Zeit lang zur reinen Betrachtung des Geliebten hinübergehen lässt."*

Der Theologe

P. Heinrich kann unsere moderne Nüchternheit nicht zuletzt deshalb überzeugen, weil er alle Emotionalität seines Denkens und Lehrens der Wacht seines Verstandes unterzuordnen sucht. Seine Regeln sind klar:

> *„Befleißige dich, dass deine Vernunft in deinen Werken zuerst den Vortritt habe; denn wo die Sinne zu schnell vorschießen, dort kommt das Übel. – Man soll die Lust nicht nehmen nach den Sinnen, man soll sie nehmen nach der Wahrheit. – Gott will uns nicht der Lust berauben – er will uns Lust geben in Unendlichkeit."*

Von Konstanz wurde der Selige 1348 nach Ulm versetzt. Dort starb er 1366.

Ramon Llull, der Troubadour

Den deutschen Mystikern ging im hohen Mittelalter ein Sänger der Liebe Gottes voraus, der in keine geistesgeschichtliche oder spirituelle Strömung passt: der selige Ramon Llull.[17] Er wurde um 1232 auf der Mittelmeerinsel Mallorca als Sohn eines katalanischen Ritters geboren, wuchs unter Jakob I. von Aragón auf und wurde früh zum Erzieher der Prinzen ernannt. Er führte ein höfisches, weltliches Leben und widmete sich als Troubadour der Dichtkunst. 1257 heiratete er Blanca Picany. Aus der Ehe mit ihr entstammten zwei Kinder, Domènec und Magdalena. Wir sind sehr verlässlich über seinen Lebensweg informiert: Noch vor seinem Tod kommt auf der Basis der Notizen seiner Schüler seine Biographie in Umlauf, die *Vita coetanea*[18].

Die Fülle der Kilometer und die denkerischen Leistungen seines Forschens sind beispiellos: Mitte des 13. Jahrhunderts pendelt er vierzig Jahre lang mit Schiffen und Pferden hin und her zwischen den europäischen Kulturzentren (Barcelona, Montpellier, Paris, Marseille, Lyon, Avignon, Pisa, Neapel); viermal besucht er ferner Rom, dreimal das islamische Afrika, einmal Zypern, einmal Jerusalem; schließlich nimmt er teil am Allgemeinen Konzil von Vienne (1312). Unnötig an die Strapazen und Unsicherheiten zu erinnern, denen ein Reisender zu dieser Zeit ausgesetzt war. Die Anzahl der Bücher, die von ihm geschrieben werden, wird in seiner Lebensgeschichte mit 123 angegeben – darunter Werke, auf die sich später etwa

[17] Die sehr umfangreiche Literatur zu diesem Dichter, Logiker und Theologen ist angegeben in P. J. Cordes, Spurensicherung, a. a. O., Anm. 136; die genannte Publikation enthält auch eine breitere Lebens- und Wirkensdarstellung Ramons, die „Vita coetanea", hgg. von E.-W. Platzeck, Düsseldorf 1964.

[18] Die Zitate aus ihr sind in meinem Text in Anführung gesetzt.

die Philosophen Nikolaus von Kues („Gott ist das *maximum ens*") und Gottfried Leibniz („*Ars combinatoria*") berufen.

Sechs Jahre nach seiner Heirat bricht Gottes Liebe bei ihm ein. Und dann erkennt er, wie er in seiner Biographie (auch sie in der 3. Person geschrieben!) erzählt: „Gott wollte, dass er (sc. Ramon) sich von ganzem Herzen, mit seinem ganzen Sein, in den Dienst Christi stelle." Dieser Anruf reißt ihn aus der höfischen Tändelei und Gott entzündet ihn mit Liebe, die Ramon ganz persönlich meint. Er lernt jenseits der ehelichen Gemeinschaft, was Hingebung ist.

1. Erste Schritte

Nach der Christusbegegnung versucht er nicht, seinen Weg allein zu finden, sondern wendet sich an den damals schon hochgeachteten Dominikaner, den heiligen Raymond Penafort (+ 1275) in Barcelona. Dann verlässt er seine Familie endgültig, zieht sich auf die Burg Randa zurück zu Privatstudium und Gebet. Als Ritter weiß er sich selbstverständlich seiner Frau Bianca und den Kindern weiter verpflichtet und sichert deren Lebensunterhalt. Dann setzt bald eine Missionsaktivität ein, die es an Umtriebigkeit anscheinend mit dem Apostel Paulus aufnehmen kann.

Wer ihr nachgeht, wird durch eine Fülle von Daten, Orten, Reflexionen und Anregungen vereinnahmt. Ramon fasziniert. Dass bis heute die Wissenschaft durch sein philosophisches und theologisches Denkgebäude beeinflusst wurde, bezeugen Studienzentren, die seinen Namen tragen (etwa an der Franziskaner-Universität „Antonianum" in Rom oder an der Universität Freiburg/Breisgau); sie gehen seinen Entwürfen nach und klären Missdeutungen. Die nachfolgende Begegnung mit ihm kann ihm unmöglich gerecht werden. Sie stellt sich nur ein vergleichsweise kleines Ziel: Die Aufmerksamkeit gilt einer einzigen von ihm verfassten kleinen Schrift mit dem Titel „Das Buch vom Freunde und vom Geliebten“[19]. Diese verdient allerdings unsere volle Hörbereitschaft und Anteilnahme. Sie gilt als sein berühmtestes Werk, wird von Kennern als „Juwel christlicher Mystik“ bezeichnet.

„Das Buch vom Freunde und vom Geliebten“ ist Teil des utopischen Romans „Blanquera“, für den Ramon fünf Jahre brauchte (1282–1287). Er schildert darin das Leben eines Mannes, der zunächst Einsiedler werden wollte, sich dann aber einer Aufgabe in der Welt zuwandte, Priester, Bischof und schließlich in Rom Papst wurde. Als solcher lenkt Blanquera all seine Sorgen auf eine Welt, für die ihm Christus Herr und Leitstern ist; in der Gottes Geist herrschen solle. Darum stiftet er einen umfassenden Gebetsdienst; denn wenn Gottes Wille ohne den Blick auf Gott verkündigt und wenn Gottes Gesandte nicht Betende sind, müssten all seine Pläne scheitern. In einem Gespräch mit den Kardinälen wünschen diese von Papst Blanquera, er selbst möge eine Anleitung für solche Hinwendung der Christen zu Gott schreiben. Und der Papst entspricht ihrer Bitte. Er schafft eine Sammlung von Versen.

Sie beginnt mit einem knappen Prolog. In ihm wird der Papst als ein Mann vorgestellt, der tief ins Gebet versunken ist. Er betrachtet – und dies ist gewiss eine Selbstbeschreibung Ramons – Gottes Würde und Vollkommenheit. Solch kontemplative Versenkung vollzieht der Papst täglich, sodass auch bei den im Buch verzeichneten Anregungen jeder Tag des Jahres – das Schaltjahr wird eigens bedacht – je seinen eigenen Impuls bekommt.

---

[19] Erika Lorenz hat sie aus dem Altkatalanischen übertragen und herausgegeben: „Das Buch vom Freunde und vom Geliebten“, Zürich 1988; die den Gesängen von mir hier jeweils angehängten Ziffern verweisen auf die in dieser Publikation vorgenommene Nummerierung.

Die im Nachfolgenden aus dem genannten Buch übernommenen Strophen folgen keinerlei Chronologie. Sie möchten durch Verweise auf die uns erhaltene Biographie Ramons und auf wenige Zeitdokumente einen gewissen „Sitz im Leben" aufzeigen. Dadurch kann die Lebensgeschichte des Missionars zusätzlich für sein Beten gewinnen.

Alle Gedichte kreisen um die Liebe. Der Christ ist ein Liebender und Christus der Geliebte. Der Geliebte soll den Liebenden immer stärker entzünden, damit dieser immer inniger Gott liebt in einer Liebesdynamik, die affektiv und intellektuell zwischen dem Ich und dem Du waltet. Die Zitate lassen auch den Leser nach seiner eigenen Liebe zu Christus fragen. Sie können gleichsam eine Schule werden, alle Selbstbezogenheit in die AGAPE hinein zu läutern; denn manche der Intuitionen Ramons treffen ja – trotz so anderer Lebensumstände und gewiss weniger von äußeren Feinden bedroht – auf jeden Christen zu.

> *„Der Freund fragt seinen Geliebten,*
> *ob seiner Liebe noch etwas zu lieben fehle.*
> *Da antwortete der Geliebte,*
> *er müssen noch lernen, zu lieben,*
> *was Liebe vermehrt." (1)*

Ramons Biographie, die *Vita coetanea,* beschreibt, wie ihm, dem Hofbeamten des Königs Jakob, eines Tages das banale Leben und das Abfassen von Liebesliedern jäh verleidet wurden. Er war dabei, eine Kantilene über eine Dame zu verfassen, die er „närrisch liebte", als ihn vom Kreuz her der Blick Jesu Christi erschreckte. Der Schock erfüllte ihn wohl mit ziemlicher Furcht, bis er abends zu Bett ging. Doch am nächsten Morgen machte er sich keine Gedanken mehr „über die Vision". Doch diese wiederholte sich mehrfach – „vier oder fünfmal" – immer mit dem gleichen Effekt. Drei Monate lang verdrängte er die Begegnungen. Dann ließen sie allerdings seinem Gewissen keine Ruhe mehr. Er stellte sich ihnen und entschied, er müsse nun die „Welt recht bald verlassen und fürderhin dem Herrn Jesus Christus voll und ganz dienen".

2. Aufbruch

Ramon ist als Mensch und Autor ganz der Sohn seiner Erde und Kultur. Er bedient sich des Stils der Troubadoure, von denen er selbst einer gewesen war. Darum finden deren Schlüsselbegriffe in den Versen von Papst Blanquera ihren Niederschlag; eine Art Minnedichtung wird hörbar. Themen, Motive und Bilder bleiben in der Schwebe von ebenso emotionalem wie geistlichem Lieben. Der Autor nutzt die vertrauten Vorstellungen solcher Lyrik: höfischer Liebesdisput, Kerker der Liebe, der singende Vogel auf dem Zweig, Küsse und Tränen und die Liebeskrankheit, Lobpreis und Tadel, Trost und Freude. All diese Wortfelder verwendet Ramon unbekümmert für seine Absichten.

Seine Familie erhält einen Prokurator, der die verwaisten Güter leiten, schützen und verteidigen sollte. Gewiss macht der Berufene einen Schritt, der in seiner Radikalität menschlich irritiert. Aber er hat kein Herz aus Stein und bricht keineswegs leicht oder gefühllos mit seinen Lieben. Er weiß sich ihnen weiter verbunden. Als er auf Bitten des Königs 1299 das „Buch des Gebetes" verfasst, widmet er es ausdrücklich seiner Gattin Blanca. Und im Testament von 1313 bedenkt er sie mit seinen verbliebenen Gütern. Die gefühlte Nähe zu den Seinen besteht fort. Doch seines Rufes und der größeren Liebe wegen nimmt er den Schmerz der Trennung auf sich.

> *„Der Freund weilte in der Fremde*
> *und vergaß seinen Geliebten*

und sehnte sich nach seinem Herrn,
nach seiner Frau, seinen Kindern und Freunden.
Da aber gedachte er wieder seines Geliebten,
um getröstet zu werden und damit ihn in seiner Verlassenheit Heimweh und Traurigkeit nicht überwältigten.“ (334)

Seine innige Zuwendung zu Gott bestimmt ihn mehr und mehr. Er sieht deutlicher seine missionarische Berufung und besonders die Herausforderung des Islam. So macht er sich als Missionar daran, dessen religiöse und kulturelle Elemente zu prüfen und das Geeignete zu übernehmen – er sieht sich zu einer Art von „Inkulturation“ genötigt. Darum treten Gottes offenbartes Wort und Christi Heilstaten in seinen Werken nicht in den Vordergrund. Sein katechetischer Anknüpfungspunkt ist hingegen der vom Islam fest geglaubte einzige Gott und die theologische Reflexion auf dessen Eigenschaften. Dennoch ist für Ramon der Mensch gewordene Gottessohn Jesus Christus das greifbare Du seiner Liebe, der „treue Zeuge“ (Offb 1,5). In ihm hat Gott ein Gesicht, wie es Jahre später Blaise Pascal in seinem *Memorial* bekunden wird.

„Der Freund schalt die Christen,
weil sie nicht ihre Briefe
mit dem Namen Jesu Christi beginnen.
Denn sie müssten ihn doch ehren
wie die Moslems Mohammed, diesen Blender,
den sie am Anfang ihrer Briefe
mit seinem Namen ehrend nennen.“ (154)

„Geliebter, durch den ich liebe:
Wenn du mir nicht beistehst,
warum hast du mich dann erschaffen?
Warum trugst du für mich so viel Leid
und ertrugst deine schwere Passion?

Wenn du mir schon halfest, mich zu erheben,
so hilf auch, Geliebter, hinabzusteigen
zum Gedenken und Bereuen meiner Schuld und Sünden,
damit meine Gedanken sich leichter emporschwingen
zum Ruhm und Preise deiner ersehnten Herrlichkeit.“ (317)

3. Christi Diener

Ramons Vergangenheit ist nicht ausgelöscht. Sein Gewissen ist wach und er zweifelt an seiner apostolischen Eignung. Er sei schließlich „ganz schuldbeladen und unwürdig des Dienstes Christi“. Gott aber erfüllt ihn mit innerer Ruhe: Mit der „Gabe des Vaters der Lichter“ und mit dem Blick auf „die Herablassung, Geduld und Barmherzigkeit, die Christus gegen jeglichen Sünder hatte und noch hat“, trifft er schließlich „ganz sicher“ seine Entscheidung, „die Welt zu verlassen und Christo fürderhin von Herzen und voller Hingabe zu dienen“.

Er ringt sich demnach gewiss nicht ohne schwere Bedenken und große innere Qualen mühsam zu einem anderen Leben durch. Doch nie fühlt er sich zu Lasten seiner Freiheit von Gott genötigt.

„Die Liebe schenkte sich dem, der sie wollte,
und da sie sich vielen nicht gab
und nicht alle Liebenden heftig entflammte,
obgleich sie es hätte können,
beklagte sich der Freund und klagte sie an
bei seinem Geliebten. Aber die Liebe
rechtfertigte sich und sagte,
sie zwinge den freien Willen nicht,
weil sie für ihre Liebenden
große Verdienst und Seligkeit wünsche.“ (222)

Ja, im Bewusstsein seiner Schwäche geht Ramon sogar so weit, den geliebten Herrn zu bitten, ihn vor dem Missbrauch dieser Freiheit zu schützen und stattdessen den „Zwang" zu mehren.

„Mit dieser Freiheit, Geliebter,
hast du meinen Willen gefährdet.
Geliebter, in dieser Gefahr gedenke des Freundes,
dass sein freier Wille dienstbar werde,
um deine Vollkommenheiten zu rühmen
und im Herzen Weinen und Sehnsucht zu mehren." (319)

Solche Liebe ist die Quelle, die das Leben des Missionars nährt und lenkt. Sie treibt ihn voran über Land und Meer. Er sucht an den Orten der Wissenschaft und Macht Einfluss zu gewinnen und Menschen für Christus zu entzünden. Sein apostolischer Eifer lässt sich von niemandem hemmen. Denn er sorgt sich, dass das geheime Feuer seiner Seele genährt und in allen Wechselfällen gesichert ist. Er verschleudert es nicht – weder im Alltagsgeschäft noch in der Not von Nachstellungen. Nichts ist ihm kostbarer als diese verborgene Gottinnigkeit.

„Der Freund sehnt sich nach Einsamkeit.
Um allein zu sein, sucht er die Gemeinschaft
seines Geliebten. Mit ihm ist er allein
inmitten der Leute." (46)

„Ganz allein war der Freund
im Schatten eines schönen Baumes.
Da kamen Leute vorbei und fragten,
warum er allein sei.
Und der Freund gab zur Antwort: Einsam
wurde er, als er sie sah und hörte.
Zuvor war er beisammen
mit seinem Geliebten." (47)

4. Die Botschaft

Seine nächtliche Christusbegegnung bestimmt umfassend Ramons Lehren. Ende Juni 1263 macht er sich definitiv auf den Weg. Universitäre Titel hat er nicht vorzuweisen. Er gehört nicht einmal zum geistlichen Stand, ist lediglich seit 1295 Franziskaner-Tertiar. Aber er hat den Glauben an Christus als höchstes aller Güter entdeckt, für sich und für alle Menschen – Glaube freilich als Erkenntnis eines liebenden Du und seiner eigenen liebenden Beziehung zum Herrn. Solchen Glauben will er durch den Mittelmeerraum tragen. In seinem Sinn für das Konkrete kann er dabei seine südlichen Nachbarn nicht übersehen: „Und das könnte geschehen, indem man die Sarazenen zu Christi Kult und Dienst bekehre, die so zahlreich die Christen von allen Seiten umgeben."

„Man fragte den Freund, ob seinem Geliebten
etwas fehle. Er antwortete: Ja, ihm fehlen
Liebende und Künder seiner Herrlichkeit." (216)

„Narr, predige doch und sprich von deinem Geliebten!
Weine und faste. – Der Freund entsagte der Welt und ging
mit Liebe auf die Suche nach seinem Geliebten.
Und er pries ihn dort, wo man ihn nicht ehrte." (281)

„Der Freund vergaß alles, was ist
unter den Höhen des Himmels, auf dass sein Verstand
sich zur Erkenntnis des Geliebten erheben könne,
den der Wille schauen und verkünden wollte." (139)

Der Umfang von Ramons philosophisch-theologischer Arbeit ist grandios. Vitalität und Aktivität seines Missionseifers sind atemberaubend. Er wird sogar 1311 bei dem Allgemeinen Konzil von Vienne vorstellig. Seine Anregung dort findet Zustimmung, Sprachschulen zum Erlernen des Arabischen für die Missionierung der Moslems zu gründen. Auch macht er in Abgrenzung zur arabischen Philosophie auf die Irrlehre der „doppelten Wahrheit" aufmerksam; er ist davon überzeugt, dass Denken und Glauben einander nicht widersprächen, sich vielmehr ergänzten. – Bei seiner Verkündigung vergisst er anderseits nicht, die christliche Lehre in die Auffassung und den Horizont der Zuhörer zu integrieren. Sein Schlüsselwort für die Missionierung sind die „Einsichtsgründe": In Tunis nutzt er demnach gegenüber den Männern, die des islamischen Gesetzes kundig sind, fast ausschließlich Verstandesargumente und zieht die Offenbarung nicht heran.

„Die Anfechtung kam zum Freunde,
um ihm den Geliebten zu entziehen,
damit das Gedächtnis erwache
und sich ihn wieder vergegenwärtige
durch lebendiges Erinnern,
auf dass Verstand und Wille
sich höher erheben, um den Geliebten
besser zu erkennen und zu lieben." (193)

„Der Freund kam in einen großen Wald
auf der Suche nach seinem Geliebten.
Und er fand Wahrheit und Lüge im Streit
über seinen Geliebten,
denn Wahrheit lobte und Lüge schmähte ihn.
Darum rief der Freund die Liebe herbei,
damit sie der Wahrheit helfe." (192)

„Sag, Narr: Warum sprichst du so hochsinnig?
Er antwortete: Damit es den Verstand
zu den Herrlichkeiten des Geliebten erhebe
und mehr Menschen ihn lieben,
ihn ehren und ihm dienen." (363)

Ramon vermeidet in seiner Lehre Schärfen und Aggressivität. Um für die Sarazenen den Glaubensinhalt in Begriffe und knappe Sätze zu kleiden, formuliert er in seinen Katechesen eine Art von neuem „Credo". Dies trägt er bei seinen Treffen den versammelten Repräsentanten vor und erörtert die vom Islam geglaubten Eigenschaften Gottes. Er jongliert mit den Zahlen Eins und Drei. Genial ist seine Argumentation für die Allerheiligste Dreifaltigkeit: Da Gott die Liebe ist, kann der Allmächtige nicht ohne ein ebenbürtiges Gegenüber sein; um zu lieben, braucht ein Ich ein anderes Ich; so muss es in dem einen Gott notwendig mehrere Personen geben. Der Missionar ist überzeugt, dass seine Logik unwiderleglich ist; er bittet die interessierten Gelehrten nur, sich „einige Tage hindurch ganz ruhig mit mir unterhalten zu wollen".

„Der Geliebte stellte seinem Freunde
zwei weitere Geliebte vor, ihm gleich
an Würden und Wert.
Und der Freund verliebt sich gleichermaßen
in alle drei, doch ist nur eine Liebe
zum Zeichen der wesenhaften Einheit
der drei Geliebten." (261)

„Der Freund erkannte zwischen Eins und Drei
größere Übereinstimmung
als zwischen den übrigen Zahlen,
denn jedes Körperwesen
kommt vom Nichtsein ins Sein,
was eins macht und drei.
Darum erschaute der Freund
seines Geliebten Einheit und Dreiheit
in der größten Harmonie der Zahl." (270)

„Zwei Freunde begegneten sich. Der eine
wies auf seinen Geliebten und der andere

verstand ihn. Und es erhebt sich die Frage,
welcher der beiden
seinem Geliebten näher war.
Durch ihre Lösung gelangte der Freund
zur Kenntnis des Dreifaltigkeitsbeweises." (362)

Die innere Gewissheit über seine Mission führt Ramon selbst zurück auf „die erbarmende Erleuchtung des Heiligen Geistes", die dritte göttliche Person. Durch eine eigenständige Dreifaltigkeitstheologie will er den Weg zur Verkündigung von Jesus Christus ebnen: vom Geist empfangen, Mensch geworden, der am Kreuz für alle starb und alle Menschen in sein Heilswerk einfügen möchte. Nach Ramon ist er es, durch den Gottes Liebe uns alle erreicht. Der Theologe versucht so eine Antwort auf das wohl delikateste Ärgernis seiner islamischen Zuhörer, dass nämlich der ewige, unnahbare Gott einen Sohn hat, der Mensch wurde. Er meint sogar, die „Vereinigung von Schöpfer und Geschöpf in der einen Person Christi" müsste seinen Zuhörern durch seine Darlegungen „sehr verständlich vorkommen". Auch würde dann das freiwillige „Leiden desselben Gottessohnes Christi" für uns Sünder und zu unserer Erlösung erklärlich, damit wir „zum Stand der Herrlichkeit und des genussreichen Besitzes Gottes" gelangten. „Für diesen Endstand hat uns Menschen ja der gebenedeite Gott gemacht."

„Geliebter, dein Name
umfasst Menschheit und Gottheit.
Jesus Christus, in diesem Namen
liebt dich mein Wille als Mensch und als Gott.
Wenn du, mein Geliebter, deinen unwürdigen Freund
so ehrst, dass er deinen Namen
nennen und lieben darf,
warum schenkst du nicht gleiche Ehre
den vielen Unwissenden,

die sich an deinem Namen
nie wissentlich so versündigten,
wie es, Jesus Christus,
deinem Freunde geschah?" (312)

„Der Geliebte zeigte sich seinem Freunde
in roten und neuen Kleidern.
Er breitete seine Arme, um ihn zu umarmen,
er neigte sein Haupt, um ihn zu küssen.
Und er ist erhöht, damit der Freund ihn finde." (91)

„Der Geliebte kleidete sich
in das gleiche Tuch wie sein Freund,
damit dieser auf ewig
sein Gefährte sei in der Glorie.
Darum auch wollte der Freund
allzeit rote Kleider tragen,
damit ihr Tuch den Gewändern
des Geliebten mehr gleiche." (262)

Mit Jesus Christus naht sich dem Seligen wie von selbst dessen heilige Mutter Maria. Bezeichnend für seine Zuneigung zur Gottesmutter ist ein Abschnitt aus dem „Blanquera-Roman". In diesem trifft die Titelgestalt auf einen bewaffneten Ritter, der auf Abenteuer ausging, um „seiner Dame" seine Verehrung zu beweisen – für den Mönch Blanquera eine willkommene Gelegenheit, von der Jungfrau von Nazareth zu sprechen. Er nötigt den Ritter zu einem Lobpreis auf die von ihm Angebetete, um dessen Worte in einem Streitgespräch mit Lobsprüchen auf die Jungfrau Maria zu überbieten. Er zitiert das Wort des Engels Gabriel: „Du bist gebenedeit unter den Frauen" – eine Huldigung, die alle andern überträfe. Denn sie beinhalte: Es sei der Wille des Gottessohnes gewesen, durch seine Gnade die Jungfrau Maria auszuwählen. Sie sollte durch die Kraft des Heiligen Geistes seine Mutter werden und dennoch Jungfrau bleiben – die Mutter des Gott-Menschen. Darum genüge „dies Lob, um jegliches Lob zu überbieten, das von einer anderen Frau gesagt wird".

„Unsere Liebe Frau
brachte ihren Sohn zum Freunde,
damit er ihm den Fuß küsse
und in seinem Buch die Vollkommenheiten
unserer Lieben Frau verzeichne." (15)

„Unsere Liebe Frau und alle Engel und Heiligen
des Himmels flehten zu meinem Geliebten.
Und als ich des Irrtums gedachte, in dem die Welt
in ihrem Undank verharrt,
erinnerte ich mich auch der großen Gerechtigkeit
meines Geliebten und der großen Undankbarkeit
seiner Freunde." (327)

5. Sein Weg

Irrig wäre es, Ramons Christusbeziehung zu einer geschützten Idylle zu stilisieren. Äußere Widrigkeiten wecken innere Kämpfe und zeigen Ramon seine Ohnmacht. Als er 1292 seine Reisesachen und Bücher in Genua bereits aufs Schiff gebracht hatte, um ins Land der Sarazenen zu segeln, wird er „mit schwerster Versuchung" geprüft: Es hat sich bei ihm der Gedanke festgesetzt, dass ihn die Sarazenen, wenn er zu ihnen hinüberführe, „alsbald bei seiner Ankunft töten oder zum wenigsten ihn in ewiger Kerkerhaft gefangen halten würden". Er fürchtet – wie er schreibt – „für seine Haut; wie einst der heilige Apostel Petrus beim Leiden des Herrn vergaß auch er seinen früheren Vorsatz … und blieb, von tatenloser Furcht gebannt, durch Gottes Zulassung oder Anordnung, damit er sich nicht etwa überhebe, einstweilen in Genua ganz sich selbst überlassen. Als aber besagtes Schiff von Genua bereits abstieß, fällt er alsbald ganz und gar in Verzweiflung."

„Die Wege, auf denen der Freund
seinen Geliebten sucht,
sind lang und gefahrvoll,
gesäumt von Betrachtungen, Seufzern und Tränen
und erleuchtet von Liebe." (2)

Doch die Länder der Sarazenen lassen ihm keine Ruhe. Aus seiner Biographie geht hervor, dass er im Herbst desselben Jahres wieder in der Stadt Tunis eintraf. Er versucht den Dialog mit den Repräsentanten des Islam. Er stellt sich als jemand vor, der sich auf das Gesetz der Christen versteht und gekommen sei, die Einsichtsgründe in das Gesetz des Mohammed zu hören. Und er kann in einem Brief weiter berichten, täglich habe die Zahl seiner Gesprächspartner zugenommen; diese hätten ihm die Gründe für ihr Gesetz dargetan, um ihn zu ihrem Glauben zu bekehren. Er hingegen trägt ihnen das christliche „Credo" vor. Dann erlebt er eine böse Rückwirkung: Einer der Teilnehmer an den Streitgesprächen verklagt ihn beim König. Die feierlich einberufene Ratssitzung fordert seinen Tod. Doch der König begnügt sich mit der Strafe, Ramon aus dem Königreich Tunis vertreiben zu lassen. Als er „dann aus dem Kerker geholt wurde, erlitt er von vielen viel Schmach, Schläge und Verunglimpfungen".

„Der Freund zog in ein fremdes Land,
wo er seinen Geliebten zu finden hoffte.
Unterwegs sprangen ihn zwei Löwen an.
Der Freund fühlte Todesangst,
denn er wollte leben,
um seinem Geliebten zu dienen.
Er sandte ihm sein Gedenken,
damit die Liebe in seinem Sterben anwesend sei

und er durch sie den Tod eher ertrage.
Während so der Freund des Geliebten gedachte,
näherten sich ihm demütig die Löwen,
leckten ihm die Tränen aus den Augen
und küssten ihm Hände und Füße.
So zog der Freund in Frieden weiter,
um seinen Geliebten zu suchen." (112)

„Der Freund bat seinen Geliebten,
ihn die Weise zu lehren, mit der man die Menschen bewegen könne,
ihn zu erkennen, zu lieben und zu loben.
Da erfüllte der Geliebte seinen Freund
mit Ergebung, Geduld, Liebe, Betrübnis,
mit Gedenken, Seufzern und Tränen.
Und in das Herz gab er ihm Kühnheit,
den Geliebten zu preisen,
in den Mund Rühmungen und in den Willen
Verachtung des Scheltens von Leuten,
die irren in ihrem Urteil." (136)

Doch Bedrohung und Leiden, die auf ihn warten, halten ihn nicht ab von neuen Versuchen. Im April oder Mai 1307 macht er sich erneut in das algerische Bougie. Dort bekennt er mutig und kompromisslos den christlichen Glauben. Er fordert deren religiösen Führer zur Glaubensdiskussion heraus und legt ihnen die christliche Sicht der Offenbarung dar. Es dauert nicht lange, bis eine Gruppe von Sarazenen seinen Tod fordert. Ihr Führer kann zwar den Kopf Ramons retten und verfügt Gefängnishaft. Auf dem Weg zum Kerker lauert ihm die Menge aber schon auf. Er wird „mit Stockhieben bedacht und mit Fäusten geschlagen. Auch riss man heftig an seinem üppigen Bart. Dann war er bei den Aborten des Kerkers der Räuber eingeschlossen, wo er einige Zeit ein qualvolles Leben führte. Später setzte man ihn in eine Einzelzelle desselben Kerkers.“ Nachweislich wird er dort von Mai bis November gefangen gehalten.

„Der Freund sah sich gefangen, gefesselt, verwundet
und mit dem Tode bedroht um seiner Liebe
zum Geliebten willen. Seine Peiniger fragten ihn:
Wo ist dein Geliebter? – Er antwortete:
Seht ihn im Wachsen meiner Liebe
und im Mittragen meiner Qualen.“ (52)

„Sprich, Mensch, der du wie ein Narr
der Liebe einhergehst: Wie lange
willst du als Sklave noch Sehnsucht
und Trauer und Tränen ertragen?
Er gab zur Antwort: Bis dereinst mein Geliebter
die Seele vom Leibe mir trennt.“ (176)

6. Vom Erlernen des Liebens

Der Anker von Ramons Liebe ist Christus. Für die Zuneigung zum Herrn kann er noch heute den erwärmen, der ihr in diesem dramatischen Leben und im „Buch vom Freunde und vom Geliebten“ begegnet. Als Mystiker hat der Denker sein natürliches Empfinden nicht abgetötet, hat kreatürlichen Hunger und irdisches Sehnen nicht ausgelöscht. Er bleibt in all seiner geistlichen Verliebtheit ein Mensch von Fleisch und Blut. Aber er lässt sich von Gottes AGAPE umgestalten. Und das Entgelt wiegt ihm alles auf: Das alles überragende Endgültige wird sichtbar.

„Der Freund bat seinen Geliebten, ihn zu entlohnen
für die Zeit, die er ihm diente.
Der Geliebte zählte das Gedenken zusammen,

das Trachten, die Tränen,
die Gefahren, Mühen und Leiden,
die der Freund um der Liebe willen ertrug.
Und der Geliebte fügte der Rechnung
die ewige Seligkeit hinzu.
Dann gab er sich selbst dem Freund zum Lohn.“ (64)

Ramon, der Troubadour, macht die Schule der Liebe als Ritter. Er begnügt sich nicht mit Gefühlen, hält vielmehr am Realismus des Daseins und an der Sachlichkeit des Anspruchs fest, den die Liebe dem Liebenden stellt. Weil sie dem Geliebten gefallen will, wächst sie in dem Maß, in dem der Liebende sich umgestalten lässt; sie wird geleitet von Entschlusskraft. Sie erfüllt sich in der Hingabe.

„Der Freund fragte Verstand und Willen,
welcher von ihnen dem Geliebten näher sei.
Da liefen beide um die Wette und der Verstand
war eher beim Geliebten als der Wille.“ (19)

„Der Freund bat seinen Geliebten,
ihm in dieser Welt Großmut, Frieden und Ehre
zu geben. Und der Geliebte zeigte sein Bild
dem Gedächtnis und dem Verstand des Freundes
und schenkte sich selbst seinem Willen.“ (107)

Der Sänger bleibt aufrichtig und selbstkritisch. Sich selbst sieht er seiner Sendung unwürdig. Auch biedert er sich bei niemandem an. Obwohl als Fremdling und Pilger ständig von andern abhängig, setzt er nicht auf Unterwürfigkeit. In der Gestalt des Blanquera redet er dem Kaiser ins Gewissen; er hinterlässt ein „Unmutslied“, um seinem Schmerz gegenüber den geweihten Hirten Ausdruck zu geben; er ruft die Sünder zur Umkehr und schont sich auch selber nicht, indem er seine eigene Schuld bekennt.

„Du hast mich, Geliebter,
zwischen meine Schlechtigkeit
und deine Gutheit gestellt.
So komme von deiner Seite
Mitleid, Erbarmen, Demut Geduld,
Vergebung, Hilfe und Erneuerung.
Und von meiner Seite komme
Buße, Beharrlichkeit und Gedenken
deiner heiligen Passion
mit Seufzen, Wehklagen und Weinen.“ (316)

„Ach, Verstand und Wille!
Weckt mit Gebell die großen Hunde,
die schlafen und meines Geliebten vergessen!
Ach, weint ihr Augen, ach seufze, Herz!
Ach, Gedächtnis, gedenke der Schande,
die jene meinem Geliebten bereiten,
die er so sehr geehrt hat.“ (127)

„Der Himmel verfinsterte sich
und es wurde dunkel auf Erden.
Da gedachte der Freund, wie lang schon die Sünde
den Geliebten von seiner Liebe trennte.
Durch diese Ferne war das Licht der Erkenntnis
verdunkelt, in dem sich der Geliebte
seinem Liebenden zeigt.“ (206)

Kaum zu überschätzen sind Sensibilität und Wärme seiner Botschaft für uns heute. Sie redet nicht von abstrakten Thesen, sondern personalisiert den Glaubensinhalt. So steht sie gegen unsere technisierte Umwelt, gegen eine intellektualistisch verkürzte Verkündigung und gegen die totale Abgabe unseres Gefühls an glaubensfremde Kräfte. Gott und Jesus Christus zu lieben, heißt, ihn auch mit dem Herzen zu suchen; das Licht des geoffenbarten Wortes auf Personen zu richten.

Dann weckt und stärkt unser Glaube eben die Kräfte, die eine geglückte Ich-Du-Beziehung generell kennzeichnen: Angst und Wankelmut werden verscheucht. Vertrauen und Hingabe wachsen.

„Der Freund sprach zu seinem Geliebten:
Niemals, seit ich dich kenne,
floh ich und wandte mich ab
von der Liebe zu dir.
Denn in dir, durch dich und mit dir
war ich, wo immer ich weilte. –
Da antwortete der Geliebte:
Auch ich vergaß dich nie,
seit du mich kennst und liebst.
Und niemals habe ich dir Unrecht getan,
dich getäuscht oder vergessen." (53)

„Man fragte den Freund, was Beharrlichkeit sei.
Er sagte, beharrlich ist der Freund,
der im Glück und Unglück fortfährt,
den Geliebten zu lieben,
zu ehren und ihm zu dienen
in Tapferkeit, Geduld und Hoffnung." (63)

„Die Liebe hört niemals auf", schreibt der Völkerapostel (1 Kor 13,8). Sie ist die Substanz des Lebens. Sie nimmt in eine Schule, die keinen Abschluss kennt. Mit Gottes Hilfe kann sie alle Grenzen sprengen, die die Natur uns zieht. Und doch bleibt sie sanft und zart.

„Der Freund sprach zu seinem Geliebten:
Du bist alles, bist überall,
in allem und mit allem.
Ich will dich ganz mit allem,
damit in mir alles mein sei.

Da antwortete der Geliebte:
Ich kann nicht ganz dein sein,
wenn du nicht ganz mein bist. –
Da sprach der Freund:
Nimm mich ganz und sei ganz mein! –
Der Geliebte fragte: Und was bleibt
für deinen Sohn, deinen Bruder, deinen Vater?
Der Freund antwortete: Du bist so sehr alles,
dass du jedem ganz in Fülle gehören kannst,
der sich dir gänzlich gibt.“ (68)

7. Der Tod

Im Sommer 1315 hat Ramon offenbar nochmals den König von Aragon um einen Schutzbrief für den moslemischen König gebeten. Der greise Mann – Ramon ist 82 Jahre alt – plante eine erneute Fahrt nach Tunis. Aus der Antwort des Königs, die erhalten ist, kann entnommen werden, dass er sich im Jahr der Niederschrift seiner Bitte offenbar schon bei den Sarazenen aufhielt; dass seine Mission unter diesen „bereits einigermaßen zu gedeihen“ schien. Eine Zeit lang verlief das Apostolat wohl recht friedlich. Dann aber scheint der Missionar das Gebiet des königlichen Schutzes verlassen zu haben. Er entwich nach Bougie, wo er der Tradition nach 1316 auf offener Straße gesteinigt wurde. Landsleute brachten den Halbtoten noch auf ein Schiff und er starb beim Übersetzen nach Mallorca oder nach der Ankunft dort. Papst Pius IX. sprach ihn selig.

„Man fragte den Freund, in wem die Liebe größer war,
im Freunde, der lebte, oder im Freunde, der starb.
Er gab zur Antwort: Im Freunde, der starb. –
Warum? – Weil sie nicht größer werden kann

im Freunde, der aus Liebe stirbt.
Doch in dem, der aus Liebe lebt,
kann sie noch wachsen." (361)

Das Universalgenie Ramon Llull hinterließ der Wissenschaft Werke, die bis heute als epochal gelten. Seit der Mitte des vergangenen Jahrhunderts beginnt die Forschung neu, sich wieder mit ihnen zu befassen, etwa mit der „Ars magna", die als revolutionäres System zur Evangelisierung angesehen wird. Wegen seiner, dem mathematischen Schlussfolgern entlehnten Denkweise sehen einige Kulturforscher in diesem Mallorquiner heute sogar einen frühen Vorläufer der Informatik. Für die Theologie und kirchliche Pastoral wäre es fraglos sehr gewinnbringend, wenn ein anderer Impuls, seine Gottesliebe und Jesusfrömmigkeit, in unseren Gemeinden ein neues Echo bekämen – ist er doch ein Zeuge für die schrankenlose Allmacht der AGAPE.

Ein Wink der Soziologie

Wir leben in einem „säkularen Zeitalter". Der meisterhaft umsichtige und hochgeehrte kanadische Philosoph und Soziologe Charles Taylor hat unserer Geschichtsepoche eine monumentale Studie gewidmet. Er untersucht das Entstehen der „Säkularität" und nennt es einen gängigen „Gemeinplatz", dass unsere Zivilisation mit dem Begriff „Säkularisierung" gekennzeichnet wird. Einer der von ihm genannten Gründe für diese neue Deutung des Daseins liegt darin, dass die technische Lösung aller Lebensprobleme uns von der Religion abbringt. So würde das weitverbreitete, selbstverständliche und ungeprüfte Christentum „durch eine ebenso weitverbreitete, selbstverständliche und ungeprüfte Gleichgültigkeit gegenüber der Religion verdrängt". Dennoch spürten auch heute Suchende ein machtvolles Bestreben, die Grenzen der Alltagserfahrung zu durchbrechen. So hofften sie für sich und alle Menschen auf ein „Mehr", eine „Transformation … durch die er über alles hinausgeführt wird – was man normalerweise unter Gedeihen versteht"; einen „Kontakt mit der Fülle", der weit übersteige, was „jede mögliche Gegenseitigkeit" zwischen Menschen uns geben könne[20].

Wie gewinnt diese „Fülle" im Menschen Raum?, fragt sich Taylor. Zur Antwort schreibt Taylor einen überraschenden Satz, der nicht zuletzt unsere Untersuchung sehr erhellt: „Im Fall des Christentums heißt das, dass man an der Agape – der Liebe Gottes zu den Menschen – teilhat."[21] Es ist also ein Soziologe, der uns Christen den Weg aus der Sackgasse einer säkularisierten Gesellschaft weist. Und er lässt nicht unerwähnt,

[20] Das säkulare Zeitalter, a. a. O., 703ff., hier 725 und 717.

[21] ebd., 717; vgl. auch 1222f.

dass – im Gegensatz zu denen, die das Erlernen die Liebe auf die Ehe beschränken wollen – AGAPE uns mehr gibt als „jede mögliche Gegenseitigkeit".

Die Wissenssoziologie mag Taylors Feststellung vertiefen. Wie bekannt, geht diese Disziplin davon aus, dass jeder Mensch nicht nur in *einer einzigen* Sinnwelt lebt. Sein Alltag ist vielfach differenziert. Und die einzelnen Sektoren nennt man „Sinnprovinzen". Da ist die Straßenverkehrsordnung und ihre Regeln, damit der „Freiraum" für den andern gesichert ist; das Gesundheitssystem mit den medizinischen Therapien, die von unserm „Wohlbefinden" kontrolliert werden; die Regierung unseres Landes, die sich aus der Parteiendemokratie rekrutiert und der im Grundgesetz „Sinn und Ziel" vorgegeben ist. Und das religiöse Empfinden mit seiner Beachtung von Riten, Symbolen und Traditionen, die das „Heilige" gegenwärtig machen sollen. All diese Daseinsbereiche sind demnach – wie viele andere – durch spezifische Daten der Orientierung geordnet. Sie machen die Richtschnur aus, die von dem bestimmenden Ziel vorgegeben wird.

Beim Glaubenden kommt nun als Bezugsrahmen für die Sinnprovinz „Christentum" einzig Gottes Offenbarung infrage. Charles Taylor hat mit der Losung AGAPE eine ihrer zentralen Dominanzpunkte aufgenommen. Wohl ist AGAPE – wie früher dargelegt – keine Alternative zum EROS, kann sich aber andererseits auch nicht durch ihn verdrängen lassen. Dass es jedoch dieser EROS ist, der Mensch und Gesellschaft heute im Griff hat, hatte unser Autor – wie oben beschrieben – mit den Stichworten „Relativierung der Keuschheit" und „Legitimierung der Homosexualität" schon diagnostiziert.

Angesichts der Macht des modernen Erotismus kann nur ein Träumer erhoffen, mit einer knappen und schlichten Forderung den Horizont der Christen zu verändern und durch den

Verweis auf den AGAPE-Begriff die biblische Jungfräulichkeit zu rehabilitieren. AGAPE darf nicht dem Schutt des Alltäglichen geopfert werden. Darum ist der ganze Daseinsboden zu entsäuern. Nur dann kann – in einer hypererotisierten Gesellschaft – einigen Christen der von Gott kommenden Liebe im Christentum Ansehen und Führerschaft zurückgegeben werden. Die Chance zu überzeugen wächst, wenn Gottes Offenbarung nicht auf Ausdrücke hin, sondern umfassend auf die Ehelosigkeit um des Himmelreiches willen befragt wird. Dann erweist sich nämlich, dass sie untrennbar mit der Heilsgeschichte verwoben, ja in ihr eine Art von Katalysator vorliegt. Hans Urs von Balthasar hat Gottes Liebe in einer ganz großen Studie auf die Evangelischen Räte hin durchdacht. Seine stupende Untersuchung leitet weitestgehend den folgenden Abschnitt[22].

[22] H. U. von Balthasar, Christlicher Stand, Einsiedeln 1977; im laufenden Text verweisen wir auf die Publikation (= HUvB) mit Angabe der Seitenzahlen dieses Werkes.

Jungfräulichkeit – Katalysator in Gottes Heilsplan

Die Sünde der ersten Menschen macht den dunklen Hintergrund für Gottes Erlösungswerk aus. Der „Fall" der Stammeltern beendete eine Phase vollkommenen Einvernehmens zwischen dem Schöpfer und seinen Geschöpfen. Nach deren Versagen verkehrt sich die anfängliche Harmonie in Dissonanz: Gott weckt im Menschen Furcht, mindestens Scheu und Scham: „Adam und seine Frau Eva versteckten sich vor Gott dem Herrn unter den Bäumen des Gartens" (Gen 3,8). Die Geschöpfe suchen nicht länger Gottes Nähe. Durch die Strafe wird ihnen dann zudem die Welt feindlich, das Dasein zur Last, die Heimat genommen und unausweichlich droht der Tod. Sie verfallen umfassender Heillosigkeit und bleiben ihr ausgesetzt. Vorher hat Gottes Güte ihr ganzes Dasein leicht gemacht und sie mussten sich bei aller Freiheit den Gehorsam keineswegs abringen. Von diesem Einvernehmen mit Gott bleibt nun höchstens noch eine sehnsüchtige Erinnerung.

Gleichzeitig wird der Mensch den Geschmack nicht los, den die gottwidrige Tat in ihm geweckt hat; die Einflüsterung des Versuchers setzt sich dauerhaft fest. Das für den Fehltritt Versprochene bleibt Verlockung: die unbegrenzte Erkenntnis, die Unterscheidung von Gut und Böse, das Sein-wie-Gott; all das, was der Baum des Paradieses in ihm wachrief: „… eine Augenweide … köstlich von ihm zu essen … klug zu werden" (Gen 3,6). Ein Virus hat die Menschheit infiziert. Der Apostel Paulus formuliert sie gegenüber seiner Gemeinde in Rom: „Durch einen einzigen Menschen kam die Sünde in die Welt und durch die Sünde der Tod und auf diese Weise gelangte der Tod zu allen Menschen, weil alle sündigten … Ich unglücklicher Mensch! Wer wird mich aus diesem, dem Tod verfallenen Leib erretten?“ (Röm 5,12; 7,24). So wird Gott selbst seinen Geschöpfen zur Last, zum Widerpart. Und auch den Mitmenschen können wir nie mehr mit paradiesich-unschuldigen Augen ansehen. Der Kosmos hat eine ungute Gewalt über uns bekommen: Er scheint zu genügen, stachelt unser selbstisches Begehren an und wir lassen uns ein, indem wir erneut Gott vergessen. Das bringt uns den Tod.

Aber nicht nur das Geschöpf flieht den Schöpfer. Dieser selbst zieht seine Folgerung aus dem „Fall“ und hält sich von den Seinen fern. „Gott vertrieb den Menschen aus dem Garten Eden, damit er den Boden bebaue, von dem er genommen war. Und als er ihn vertrieben hatte, stellte er im Osten des Gartens von Eden die Kerubim auf und das zuckende Flammenschwert zur Bewachung des Weges zum Baum des Lebens“ (Gen 3,24). Der nahe ist zum fernen, zum verborgenen Gott geworden.

Wer aus dieser Verlorenheit mit eigener Kraft zurückfinden will, dem bleiben nur zwei Möglichkeiten. Jemand kann entweder seiner Trennung von Gott innewerden und sich verzweifelt in Endlichkeit und Vergänglichkeit einnisten; wie es Paulus den Korinthern in den Mund legt, die die Auferstehung leugnen: „Lasst uns essen und trinken, denn morgen sind wir tot“ (1 Kor 15,32)! – eine trotzige Resignation. Oder er kann sich durch religiöse Entwürfe und Techniken zu entgrenzen suchen zum Übermenschen, zum kosmischen Energieträger – das wäre das „Sein-wie-Gott“ der teuflischen Verheißung. Beides verkennt tragisch, dass das Geschöpf ohnmächtig ist ohne den Schöpfer; dass es nur durch Versöhnung mit Gott und durch dessen Zuneigung heil wird.

1. Das Werk der Scheidung

Und er erbarmt sich. Er stellt in das Dunkel der gefallenen Welt sein Licht, indem er schon im Alten Bund das „auserwählte Volk“ beruft. Damit nicht genug: Er eröffnet uns im Neuen Bund durch seinen eigenen Sohn den Weg zurück zu ihm. „Als die Fülle der Zeit gekommen war, sandte Gott seinen Sohn, geboren von einer Frau … damit wir die Sohnschaft erlangten“ (Gal 4,4f.). Freilich nicht in Form einer großen Amnestie – mit einem „Schwamm drüber!“ Das würde weder die Intensität paradiesischen Glücks noch die Größe unserer Freiheit noch das Gewicht der menschlichen Gott-Widrigkeit ernst nehmen. Vielmehr soll dem Geschöpf eine Chance gegeben werden, sich neu zu entscheiden und in freier Zustimmung den Schöpfer anzunehmen. So sind wir abermals herausgefordert. Gottes Erlösung erspart uns nicht, dass wir diesmal anders wählen als unsere Stammeltern; dass wir Gott nicht wieder den Rücken kehren – fasziniert vom verheißungsvollen Baum der Erkenntnis und von einem göttlichen Kosmos. Und Jesus Christus selbst ist „der Weg“ (Joh 14,6); er geht uns voran, aus der korrupten Welt herauszufinden.

Gottes Initiative lässt wohl Spielraum. Doch zielt sie auf eine Scheidung. Er sammelt mitten im alten Chaos das Volk des neuen Israel, die Kirche. Er will das Total-Andere. Die Seinen sind eben, insofern sie Kirche bilden, „ein auserwähltes Geschlecht … ein zu eigen erworbener Stamm … gerufen aus der Finsternis in sein wunderbares Licht“ (1 Petr 2,9). Ihr Glaubensstand hat in Gottes Sohn einen neuen Ursprung; der hat ihnen einen jungfräulichen Ort gegeben: „Ich habe euch aus der Welt erwählt“ (Joh 15,19). Sie heißen denn wieder und wieder die Auserwählten: „Wer kann die Auserwählten Gottes anklagen?“ (Röm 8,33) oder „Ihr seid seine auserwählten Heiligen“ (Kol 3,12) u. ö. Sie werden von andern getrennt: „Für die Berufenen aber, Juden wie Griechen, (verkünden wir) Gottes Kraft und Gottes Weisheit“ (1 Kor 1,24) oder „Judas, Knecht Jesu Christi, Bruder des Jakobus, an die Berufenen, die von Gott, dem Vater, geliebt und für Jesus Christus bestimmt und bewahrt sind“ (Jud 1). Und ihre Gemeinschaft wird zur EK-KLESIA, zur „Herausgerufenheit“, zur Kirche. Darum ist „Kirche“ immer von „Welt“ zu unterscheiden; ja, „das Werk der Scheidung führt zur Bildung der Kirche in ihrer Entgegensetzung zur ‚Welt‘“ (HUvB 108). Auch wenn das Volk Gottes weiter in der Welt lebt, ja die Kirche selbst hilfreiche Impulse vonseiten der Welt erfährt[23], so ist doch das „Unterscheidend-Christliche“ gefragt. Der Herr selbst hat dies Neue durch sein Leben und Lehren entworfen.

Nicht damit das Herausgerufensein die Christen in totale Weltlosigkeit entlässt! Wenn diese auch nicht „von der Welt“ sind (Joh 16,17), so bleiben sie doch „in der Welt“ (Joh 17,11). Das meint, sie haben sich um „Häuser, Brüder Schwestern und Äcker“ zu kümmern. Mehr als das: Sie nehmen die weltliche Faszination des Bösen mit in die Gemeinschaft der Erwählten; denn auch in der Kirche trägt jeder die Wirkung der Ursünde in seinem Herzen. Und außerdem umgibt uns die gefallene Welt alle mit Lüge, Hass und Selbstsucht, die uns im Alltag beeinflussen. So sieht Gottes Wort sich genötigt, auch die Herausgerufenen immer wieder zu mahnen, damit sie die Gnade des ergangenen Rufes nicht verscherzen. „Liebt nicht die Welt und was in der Welt ist“, fordert der 1. Johannesbrief – „die Begierde des Fleisches, die Begierde der Augen, die Protzsucht“ (2,15f.). So viel ist unbestreitbar: Der weltlich-begehrliche EROS hängt uns an; letztlich fehlt uns die Kraft, der Vergangenheit Herr zu werden.

[23] Pastoralkonstitution des Vaticanum II, Nr. 44.

Dabei trübt sich leicht der Unterschied ein, wie er in unserer Untersuchung zwischen den Begriffen EROS und AGAPE auftauchte: Die doppelte, gegenläufige Bewegung verunklärt die „substantielle Differenz" (HUvB 282) von Welt und Kirche. Das Evangelium ruft darum zur Wachsamkeit. In ihm ist die Mahnung zur Distanz der Christen von der weltlichen Welt unüberhörbar. „Beugt euch nicht mit den Ungläubigen unter das gleiche Joch! … Zieht weg aus ihrer Mitte" (2 Kor 6,14.17). „Verlass die Stadt (Babylon), mein Volk, damit du nicht mitschuldig wirst an ihren Sünden und von ihren Plagen nicht getroffen wirst" (Offb 18,4). Und das eindeutige Wort des Völkerapostels: „Gleicht euch nicht dieser Welt an" (Röm 12,2). Die Kirche kann nicht „Salz der Erde" und „Licht der Welt" (Mt 5,13–16) sein, wenn sie den gesellschaftlichen *Mainstream* übernimmt und sich verwässern lässt.

Dies nun ist die erste Scheidung, die Gott nach dem „Fall" in Gang setzt. Im gegnerischen Umfeld haben die Herausgerufenen ihr „Anderssein" unbedingt zu schützen. Sie scharen sich um den Sohn Gottes. Er lässt nicht ab, die AGAPE von Gottes Wesen präsent zu machen in einer Welt der Entfremdung, der Beziehungslosigkeit, der Verlorenheit, die uns Menschen die erste Sünde eingebracht hat. Er hütet alle Seinen in der EKKLESIA.

Der „Ruf", durch den Gott die Christen vor der Welt schützt, meint demnach nicht Weltverachtung. Er soll dieser Welt und allen Geschöpfen vielmehr zugutekommen; er ergeht um der endgültigen Erlösung willen. Der fortlebende Christus will in die Welt hineinwirken, um ihr das versöhnende Tun des für sie Gekreuzigten und Auferstandenen weiterzugeben. Darum darf die Braut Christi auch nicht um sich selbst kreisen, sondern sie ist da um Gottes willen: damit alle Geschöpfe und Dinge in ihm Heil finden. „Gott, unser Retter, will, dass alle

Menschen gerettet werden und zur Erkenntnis der Wahrheit gelangen" (1 Tim 2,3). Wenn der Herr „erhöht sein wird, wird er alle an sich ziehen" (Joh 12,32). Diese Worte des Herrn nötigen die Kirche unabweislich zum missionarischen Auftrag.

2. Christus, ganz dem Vater zugewandt

Die Glaubensgemeinschaft ist zur Weltberührung genötigt. Jesu Gestalt und Geschichte weisen ihr den „Weg": „Er, der Gott gleich (zutreffender: „in der Daseinsweise Gottes") war, ... entäußerte sich und wurde ... den Menschen gleich" (Phil 2,6f.). Indem sich der Sohn Gottes seines „Gleichseins mit Gott" entäußert, steigt er hinab in die Formen der Armut, der Jungfräulichkeit und des Gehorsams. Er nimmt es auf sich, „unten zu leben, als lebte er oben" (HUvB 126). So beweist er, dass das für Menschen Unmögliche bei Gott nicht unmöglich ist. „Wir sind also nicht dem Fleisch verpflichtet, Brüder, sodass wir nach dem Fleisch leben müssten" (Röm 8,12). Und er bereitet die Bahn, dass auch andere den Weg solchen Verzichts gehen können. Seinen Spuren kann nachgelebt werden. Selbst wenn diese Lebensform durch einen besonderen Ruf grundgelegt ist und keineswegs allen in der Nachfolge Christi aufgetragen ist, so bleibt solche Entsagung doch allen Menschen ein Stimulus und zeigt ihnen in der Spur Christi eine entsprechende Alternative.

Doch trotz Christi Erniedrigung besteht das zitierte, uralte Christuslied nach der Deutung der Schriftkundigen (Ernst Käsemann; Joachim Gnilka) darauf, dass die „Daseinsweise Gottes", das ewiges Wesen beim Vater, im historischen Jesus als „göttliche Substanz und Kraft" fortdauert. Obwohl das Gottgleich-Sein des himmlischen Christus nach seiner Entäußerung nur selten ins Auge fällt, gehört es dennoch dem Menschgewordenen dauerhaft zu.

Auch „in der Welt“ wird demnach die Identität des irdischen Jesus radikal bestimmt von seiner Einheit mit dem „Vater“. Er ist „der Abglanz seiner Herrlichkeit und das Abbild seines Wesens“ (Hebr 1,3). Damit bleibt seine Sendung an den Vater gebunden: „Glaubest du nicht, dass ich im Vater bin und der Vater in mir ist?“, fragt er vorwurfsvoll den Jünger Philippus (Joh 14,10). Die „Abschiedsreden“ vor seinem Weggang verweisen immer wieder auf diesen Vater: „Wie mich der Vater geliebt hat, so habe ich euch geliebt“ (Joh 15,6). In der kommenden Bedrängnis dürfen die Jünger auf den Vater zählen, umso mehr, als er zum Vater zurückkehrt: „Vom Vater bin ich ausgegangen und in die Welt gekommen, ich verlasse die Welt wieder und gehe zum Vater“ (Joh 16,28). Seine Person weiß sich also ganz bestimmt von seinem eigenen Ursprung im Vater: Sein Erkennen, seine Liebe, sein Wirken dienen in ihrem Innersten dessen Kundgabe: Er spricht als Gesandter des Vaters. Aber es spricht in gleicher Weise auch der Vater in ihm: „Ich urteile nicht allein, sondern ich und der Vater, der mich gesandt hat … ich bin es, der Zeugnis für mich ablegt, und auch der Vater, der mich gesandt hat, legt Zeugnis für mich ab“ (Joh 8,16.18). „Ich und der Vater sind eins“ (Joh 10,30). Und sein Kommen zu den Menschen schwächt diese Präsenz des Vaters nicht ab – wie eine Erinnerung an etwas Fernes, Früheres. Sein Wesen bleibt – und das ist unbegreiflich – im Vater begründet. Er ist ja dadurch „Gott“, dass er „am Herzen des Vaters ruht“ (Joh 1,18).

Der Vater blickt wiederum mit unendlichem Wohlgefallen auf den Sohn; im Sohn sieht er ja seine ganze väterliche Liebeszuwendung an die Menschen zu sich zurückkommen. Dreimal wird in den Evangelien die Stimme des Vaters während Jesu Leben festgehalten; und jedes Mal bezeugt sie seine Liebe zum Sohn: bei Jesu Taufe: „Dieser ist mein geliebter Sohn“ (Mt 3,17), auf Tabor: „Dieser ist mein geliebter Sohn“ (Mt 17,5) und vor Jesu Gang in den Tod antwortet der Vater auf die Bitte des Sohnes um Verherrlichung: „Ich habe verherrlicht und ich werde weiter verherrlichen“ (Joh 12,28). „Der Vater sieht sich im Sohn so vollkommen dargestellt, dass er, um die Menschen zu sich zu führen, nur auf den Sohn zu verweisen braucht“ (HUvB 149). Er ist der Weg. Rückkehr zum Vater ist ermöglicht in und mit der Rückkehr des Sohnes.

„Das Wo des Sohnes ist der Vater“ (HUvB 147). Darum führt Christi „Daseinsweise Gottes“ unter den Seinen noch zu einer zweiten Scheidung.

3. Maria, die Jungfrau

In der griechischen Tragödie tauchte in ausweglosen Situationen ein Gott auf, der „Deus ex machina – der Magier-Gott“. Eine außenstehende Macht steigt vom Himmel und bewältigt die Krise. Ganz anderes handelt unser Gott in seinem Heilswerk. Jesus von Nazareth ist völlig eingegliedert in die menschliche Geschichte. Das Neue Testament legt großen Wert darauf, Christi Geschlechterfolge aufzuweisen; die Evangelisten Matthäus und Lukas verzeichnen sie mit einer Fülle von bekannten Persönlichkeiten des Alten Testaments. Wer allerdings diese Gestalten näher prüft, der entdeckt bei einigen Ahnen Jesu trotz seiner unverkürzten „Inkarnation“ einen gravierenden Unterschied zwischen der Sippenreihe des Nazareners und allen andern Heroen der Menschheit: In der Genealogie Jesu durchbricht immer wieder Gottes ausdrücklicher Eingriff die Zeugung und das Werden seiner Vorväter. Gott überlässt das Feld nicht dem EROS[24].

[24] Das Folgende stützt sich auf H. U. von Balthasar, Empfangen durch den Heiligen Geist. Geboren aus der Jungfrau Maria, in: J. Ratzinger/H. U. von Balthasar, Maria, Kirche im Ursprung, Einsiedeln 1997, 131–141.

Schon zu Anfang der Erwählungsgeschichte Israels lässt Gott die Gesetze der Natur hinter sich. Diese hatten dem Abraham wohl einen Nachkommen ermöglicht; Ismael wurde ihm von der Magd Hagar geschenkt (Gen 16). Aber Träger der Verheißung, die Gott dem Abraham gewährt, ist ein zweiter Sohn, der Sohn der Freien. Damit der aber zur Welt kommt, bedarf es der Intervention Gottes. Seine Prophetie: „Deine Frau Sarah wird dir einen Sohn gebären und du sollst ihn Isaak nennen" (Gen 17,19), die beide wegen ihres hohen Alters nicht mehr mit Nachkommen rechneten. – Generationen später greift Gott vor der Geburt Simsons ebenfalls ein. Der Engel des Herrn erscheint zuerst einer Frau, deren Name nicht genannt wird. Dann zeigt er sich erneut und gibt deren Mann, dem Manoach, Simsons Vater, Anweisungen. Erst danach gebiert seine Frau einen Sohn (Rich 13,1ff.). – Ähnlich wird das Kommen des Samuel vom Himmel her vorbereitet: Seine Mutter Hanna fleht inständig bei einer Wallfahrt nach Schilo, dem Ort der Bundeslade; die Liebe ihres Mannes Elkana tröstet sie nicht über ihre Unfruchtbarkeit hinweg. Im Heiligtum ist sie „verzweifelt, betete zum Herrn und weinte sehr" (1 Sam 1,10). Und dann heißt es von beiden: „Am nächsten Morgen standen sie früh auf und beteten den Herrn an … Elkana erkannte seine Frau Hanah; der Herr dachte an sie und Hanah wurde schwanger" (1 Sam 1,19f.). – Wie könnte man schließlich bei dieser Aufzählung solcher Einmischung Gottes den Vater Johannes' des Täufers vergessen! Er gehört zur Priesterklasse des Abija. Als er eines Tages durch das Los ausersehen ist, beim Tempeldienst das Rauchopfer darzubringen, widerfährt ihm etwas ganz Ungewöhnliches: Ein Engel sucht ihn auf. Er kündigt dem kinderlosen Ehepaar Zacharias und Elisabeth in einer langen Verheißung die Geburt eines Sohnes an. Vom Heiligen Geist erfüllt und mit dessen Kraft ausgestattet, wird dieser dem Herrn den Weg bereiten (Lk 1,8ff.).

Angesichts all dieser Berichte über Väter und Söhne möchte man nun im Neuen Testament Beeindruckendes über Josef von Nazareth erwarten; Josef ist immerhin aus dem Stamm Davids und ohne ihn verliert die messianische Verheißung ihr genealogisches Fundament. Doch die beiden Verkündigungsszenen bei Matthäus und Lukas übergehen ihn wortlos. Alle Berichte sind allein auf Maria bezogen. Erstmals spricht der Engel eine Frau an. Und diese Frau gibt die empfangene Gnade des Heiligen Geistes an eine andere Frau weiter, die das Band knüpft zum Alten Testament, ihre Base Elisabeth. Diese neue Fleischwerdung unterscheidet sich jedoch unübersehbar von allem, was die alttestamentlichen Ereignisse angekündigt hatten; sie überragt alle Vorbilder. Die Problematik von Fruchtbarkeit und Unfruchtbarkeit des Mannes oder der Frau, ja der ganze Prozess leiblicher Zeugung findet kein Interesse mehr. Durch seinen Engel tritt der Allmächtige selbst als Initiator und Garant des Heilsgeschehens in die Geschichte. Damit ist unleugbar evident: Nicht die Gesetze der Natur entscheiden; es geht nicht um „biologische Vorgänge". Definitives Heil wird, wenn Gott die Liebeskraft des Heiligen Geistes, seine AGAPE, schenkt.

In Maria von Nazareth zeigt uns Gott das Vollbild der Jungfräulichkeit und dessen Größe. Vor Christi Kommen hatte Jungfräulichkeit keinen Glanz; alles Licht ging aus von der fruchtbaren Frau. Die Umkehrung der Werte wird zunächst in Marias Selbstverständnis greifbar. Sie fragt bei Lukas nach der Ankündigung des Sohnes: „Wie wird das geschehen, da ich keinen Mann erkenne" (1,34)? Schon vorher hatte der Evangelist sie gleich zweimal (1,27) mit dem Begriff PARTENOS, Jungfrau, gekennzeichnet. Später (1,35) erläutert der Engel dann die unfassbare Möglichkeit, ohne Gatten ein Kind zu empfangen, mit Verweis auf den „Heiligen Geist". Schließlich ist noch der Hinweis des Evangelisten Matthäus zu beachten; auch er verzeichnet die jungfräuliche Empfängnis Jesu und stellt sie mit einem Zitat aus dem Propheten Jesaja sicher. Wir alle hingegen erinnern uns noch nach 2000 Jahren im Credo an dieses einzigartige Wunder: „Empfangen vom Heiligen Geist, geboren von Maria der Jungfrau".

Die Jungfrau bleibt nach dem Weggang des Engels Gabriel allein mit ihrem Geheimnis. Selbst Josef gegenüber hat sie geschwiegen. Dann schließlich besingt sie im „Magnificat", dass Gott hingesehen hat auf die „Niedrigkeit seiner Magd". Drei Monate bleibt sie abwesend von Nazareth bei Elisabeth. Dann kommt sie zurück. Das Kommen des Kindes zeichnet sich ab. Die Leute werden geredet haben. Die Frage drängt sich auf: Woher hat sie es nur? Josef bringt die Ratlosigkeit anscheinend fast um den Verstand, sodass er sich keinen anderen Ausweg mehr weiß, als seine Verlobte in aller Stille zu entlassen. Der Jungfräulichkeit wird auch im Neuen Bund die „Niedrigkeit" keineswegs erspart. Dann aber zeigt sich ihre Jungfräulichkeit als Mutterschaft. Sie wird Mutter, weil sie Jungfrau ist und bleibt und weil sie die ganz Gott-Geweihte ist. An ihr wird der Vorrang der AGAPE vor dem EROS erkennbar, der Vorrang entsagender Gottgehörigkeit vor der leiblichen Fruchtbarkeit. Das gilt, auch wenn Mariens ganzes Dasein in der Mutterschaft sein Ziel hat: Sie ist Jungfrau, um Mutter werden zu können.

4. Preisgabe

Jesus charakterisiert seine Anhänger und alle von Gott Herausgerufenen in zwei Gleichnissen als „Licht" und „Salz". Die Bilder benennen einmal den Kontrast zwischen den Glaubenden und der „Welt". Sie leiten jedoch gleichfalls eine zweite Scheidung ein, eine Trennung innerhalb der Glaubensgemeinschaft. Die beiden Ausdrücke „Licht" und „Salz" gelten nämlich in einem vertieften Verständnis für Männer und

Frauen, die nach der Gottgehörigkeit trachten, wie sie von Jesus und seiner Mutter ausgeht. Menschen erahnen einen Ruf, dass die gefallene Welt in doppelter Weise zweitrangig ist. Innerhalb der Herausgerufenen des Volkes Gottes suchen sie, noch nachdrücklicher in Jesu Bewegung vom Vater hin zur Welt einzutreten. „Sie haben sich vom ‚Weltgeist' frei gemacht, um ganz für die Weltsendung Gottes in seinem Sohn verfügbar zu sein" (HUvB 282).

Kräftigende Schübe des Christentums sind in der Geschichte unserer Glaubensgemeinschaft immer dann gelungen, wenn sich Menschen in solch spezifischer Weise auf Gottes Botschaft eingelassen haben. Für diese Behauptung stehen die kulturellen und geistlichen Initiativen durch all die Jahrhunderte der Kirchengeschichte. Sie bestätigt sich bis in unsere Zeit, wenn Männer und Frauen dem Christentum neue Impulse geben und etwa „Geistliche Bewegungen" gründen: Sie übergeben sich der „überweltlichen Mitte" von Jesu Wort und ihr Elan schlägt aus dem Evangelium neue Funken[25] . Für die Gegenwart nannte der heilige Papst Johannes Paul II. derartige Aufbrüche „eines der Geschenke des Geistes"; er habe selbst auf sie „als Motiv der Hoffnung für die Kirche und für die Menschen" immer wieder hingewiesen[26]. Papst Benedikt XVI. empfahl sie gleichfalls. Er mahnte sie sogar für die Gesamtkirche an: „Im Moment brauchen wir vor allem geistliche Bewegungen, in denen die Weltkirche, aus den Erfahrungen der Zeit schöpfend und zugleich aus der inneren Erfahrung des Glaubens und seiner Kraft kommend, Wegmarken setzt – und damit die Präsenz Gottes wieder zum Kernpunkt macht."[27]

---

[25] Solchen Anfängen ist nachgegangen P. J.Cordes, Nicht immer das alte Lied, Paderborn 1998.

[26] Pfingstvigil auf dem Petersplatz, in: Osservatore Romano vom 27./28. 5. 1996.

[27] In: Licht der Welt. Gespräch mit Peter Seewald, Freiburg 2010, 86.

Das Werk der Scheidung trennt folglich nicht nur zwischen Kirche und Welt, es setzt sich fort gegenüber der „Welt“ *innerhalb* der Kirche. Christi Evangelium und Heilswerk kennt daher einen zweiten Appell, der dann überraschend aus der „Welt der Glaubensgemeinschaft“ herausruft. Mit dieser besonderen Order stiftete der Herrn den „Stand der evangelischen Räte“. Nicht ohne zögerliche Beklemmung nimmt der Berufene die Radikalität der Verpflichtung wahr: Um des verborgenen Schatzes im Acker willen muss „die *ganze* Habe“ verkauft werden; ebenso wie für die kostbare Perle des Himmelreiches (Mt 13,44ff.). Wenn jemand zurückschaut, begeht er Verrat (Lk 9,61f.). Ob einer wenig besitzt, wie Jesu Jünger, oder ob er wohlhabend ist, spielt keine Rolle. Und schließlich fordert der Herr auch noch das „innerliche Verlassen“ für diese spezifische Nachfolge: das Hassen von Vater, Mutter, Kind, Bruder und Schwester (Lk 14,26).

Die zweiten „Scheidung“ verneint also vollends ein Leitbild „Welt“. Aller Weltsinn wird auf den Kopf gestellt. Hält sich die Welt an die Regel: „Hast du was, dann bist du was“, so wünscht nun Jesus vom reichen Jüngling: „Verkauf deinen Besitz und gib das Geld den Armen (Mt 19,21); lehrte der römische Dichter Horaz: „*Carpe Diem* – genieße den Tag“, damit dein Begehren gestillt wird, so rät der Herr zur „Ehelosigkeit um des Himmelreiches willen“. Sind in Alltag und Gesellschaft, Macht und Ansehen generell ein Ausweis von Größe, so gilt nun das Gegenteil: Christus hat in der tiefsten Erniedrigung die höchste Würde des Vaters, seine Verherrlichung, erhalten. Er ruft eine neue Rangordnung aus: „Der Größte unter euch soll werden wie der Kleinste und der Führende soll werden wie der Dienende“ (Lk 22,26).

Solch umfassendes Loslassen darf nicht der Weltverachtung geziehen werden. Noch weniger ist es Selbstzweck. Es schafft im Menschen vielmehr die innere Leere für eine Verfügbarkeit ohne Vorbehalt. Im Sinne des Sohnes übergibt sich der Berufene voll und ganz dem himmlischen Vater. Selbstvergessenheit gelingt dem Glaubenden freilich nur im Maß großen Vertrauens auf ihn. Jesu Wort sucht es zu wecken: „Sorgt euch nicht ängstlich um euer Leben ... Euer himmlischer Vater weiß ja, dass ihr all dessen bedürft“ (Mt 25,31). Arglos sollen die Berufenen im Hingeben aller irdischen Dinge das Reich aus den Händen des Vaters empfangen: „Eurem Vater hat es gefallen, euch das Reich zu geben“ (Lk 12,32). Wem so der Boden unter den Füßen weggebrochen ist, der darf von Gottes Vorsehung ein neues Fundament erhoffen.

Und eine derartige Preisgabe bleibt nicht ohne Antwort; sie verpufft nicht ins Leere. Der Herr sagt zu, dass der Großmut solcher Auslieferung überreich erstattet wird. Alle drei synoptischen Evangelien halten es fest: Das Verlassen von Häusern, Brüdern und Schwestern, von Vater, Mutter oder Kindern um Jesu willen wird schon in dieser Weltzeit mit dem Hundertfachen entgolten und in der kommenden Weltzeit mit dem ewigen Leben (Mt 19,29; Mk 10,29; Lk 18,29). Die Feierlichkeit der drei Zitate lässt jeden Zweifel verstummen. So wörtlich, wie das Verlassen im Evangelium verlangt wird, ist auch die Verheißung zu nehmen.

5. Oft unverstanden

Im Jesu Verkündigung ist „Jungfräulichkeit“ einer der drei Räte; wie die beiden andern schockiert er die Jüngergemeinschaft. Als der Herr im Matthäusgevangelium die Unauflöslichkeit der Ehe verkündet, reagieren sie bestürzt: „Wenn die Sache des Mannes mit der Frau so steht, ist es nicht gut zu heiraten.“ Die Seinen sehen sich durch die Unerbittlichkeit der göttlichen Forderung in einer Sackgasse. Kein Ausweg scheint möglich. Und dann verkündet der Herr die „Unfähigkeit zur Ehe … um des Himmelreiches willen“: Nun macht er die Verwirrung vollkommen. War im Alten Bund der Ehestand nicht der Stand der Verheißung? Und der Herr kam doch, „Gesetz und Propheten“ zu erfüllen, nicht um sie aufzuheben! Er wollte seine Kirche bauen auf Männer, die in der messianischen Tradition leben. Sein Wort hinterlässt lähmende Perplexität. Doch gerade in ihr stiftet er einen neuen Stand für die Kirche – obwohl der neue Weg den verwirrten Jüngern noch weniger einsichtig ist – wie Jesu Nachsatz belegt: „Wer es erfassen kann, der erfasse es“ (Mt 19,3–12). Offenbar ist Jungfräulichkeit sogar unverständlicher als die beiden anderen evangelischen Räte, als Armut und Gehorsam; denn diese finden beim Herrn nicht solch geheimnisvollen Kommentar.

Dem gläubig Suchenden mag die Ehelosigkeit um des Himmelreiches willen trotz allem ihren Sinn und Rang enthüllen. Allererstens hält sie das Gedenken vor Augen an die Jungfräulichkeit Jesu selbst, unseres Heilsträgers. In Jesus – Mensch geworden wie wir – relativiert der ewige Vater paradoxerweise dennoch die Weltlichkeit; er zieht den eingeborenen Sohn an sich. So mindert er das Gewicht alles Irdischen: Nicht nur entbehrt Jesus einen Ort, wohin er sein Haupt legen könnte (Mt 8,20). Er lebt ferner selbst, was er von seinen Jüngern fordert: „Wenn jemand zu mir kommt und nicht Vater und Mutter, Frau und Kind, Brüder und Schwestern, ja sogar sein eigenes Leben gering achtet, dann kann er nicht mein Jünger sein“ (Lk 14,26).

Jesu Lebensstil und Verhalten sind nicht normal. Nicht nur bei seinen Verwandten erregt er Anstoß und Ärgernis (Mk 3,20f.). Noch weniger hat Jungfräulichkeit einen Platz im gesunden Menschenverstand. So sagt denn ein berühmter Kirchenlehrer und Prediger, der heilige Ambrosius von Mailand

(+ 357), über sie: „Welcher geschaffene Geist vermag aber in ihrem Wesen die Tugend zu erfassen, die nicht unter dem Gesetz der Natur steht? Oder wer erfindet ein erschöpfendes Wort für das, was über das Leben der Natur hinausgeht? Vom Himmel ist sie gekommen …“[28] Ohne erleuchteten Glauben keine Einsicht. Denn Ehelosigkeit war und ist für das Alltagsurteil vorwiegend ärgerlich. Kenner der biblischen Umstände sagen uns, dass die Gemeinde des Matthäus diese Worte Jesu auch bewahrt hat, weil in ihr Ehelose Anstoß erregten.

6. Ein markantes Zeichen

Und sie werden die Ausnahme bleiben. Es liegt auf der Hand, dass solche Ehelosigkeit keinesfalls – genauso wenig wie die andern evangelischen Räte – für alles Christsein als Regel gelten kann. Wohl aber mag sie für alle Christen und nicht zuletzt für Verehelichte ein hoch aufragendes Zeichen für den Schatz der Gottverbundenheit sein. Denn Ehelosigkeit ist dem sündenlosen Urstand stärker verbunden als die Ehe. Im Paradies waren unsere Stammeltern umfangen durch die von Gott kommende AGAPE. Erst nach dem „Fall“ heißt es in der Schrift: „Adam erkannte Eva, seine Frau, sie wurde schwanger und gebar Kain“ (Gen 4,1). Das kann nicht ohne Belang sein: Offenbar gewinnt erst durch den Fall die Urgewalt der Begierde Macht über die Zuneigung. So wird denn auch die Liebe der irdischen Geschlechtsgemeinschaft erlösungsbedürftig; sie muss sich von Gottes herabsteigender AGAPE wieder ganz durchdringen lassen. Dies ist die Liebesphilosophie von Gottes Offenbarung, kein Relikt manichäischer Leibfeindlichkeit. Auch die himmlische Vollendung weiß ja nichts vom EROS: „Nach der Auferstehung werden die Menschen nicht mehr heiraten“ (Mt 22,30).

[28] Ambrosius von Mailand, De Virginibus, Buch 1, Kap. 3.

Für Verheiratete hält dieser Ausblick auf Künftiges tiefere Einsicht bereit. Genauso kann er Mut wecken zum Versprechen der Ehelosigkeit. Denn er stellt dem Berufenen die unbegrenzte Gemeinschaft mit Gott in einer Liebe in Aussicht, wie sie im Paradies zwar verloren wurde, aber für den künftigen Himmel zugesagt ist. In der himmlischen Erfüllung wird ihm aller diesseitige Verzicht aufgewogen. Gott schenkt sein Eigenstes, wenn jemand leer geworden ist von sich selbst und sogar dem Glück der ehelichen Gemeinschaft entsagte.

Jungfräulichkeit um des Evangeliums willen kippt dann schließlich eine gängige Lebensregel: „Besser der Spatz in der Hand als die Taube auf dem Dach"? Diese Volkseinsicht belehrt uns alle: Mag die Taube auch wertvoller sein – wir tun sie ab und wählen das Naheliegende, Sicherere. Zu warten, zu zögern konnte man dem Menschen vielleicht früher zumuten. Heutiger Mentalität ist es zuwider, die wir den „Instant-Coffee", die „Instant-Kamera" erfunden haben. Gibt uns nicht der gefühlte EROS ausreichende Gewissheit: Die Seligkeit steht bereit, sie ist mir ganz nahe?

Dennoch ist gegen solche Klugheit der Klugen festzuhalten: Gläubige Bereitschaft zum Verzicht ist kein Hirngespinst. Gottes Wort selbst verspricht statt der Spatzen die Taube. Der Völkerapostel verkündet mit Autorität, was manche Korinther dunkel ahnen: „Was kein Auge gesehen und kein Ohr gehört hat, was keinem Menschen in den Sinn gekommen ist: das Große, das Gott denen bereitet hat, die ihn lieben. Denn uns hat es Gott enthüllt durch den Geist" (1 Kor 2,9f.). Und er lässt im Zusammenhang seines Briefes keinen Zweifel über die Bedingungen: Die Verheißung des Großen enthüllt sich denen, die zum Kreuz Christi stehen. Der Weltweisheit bleibt solche Fülle verborgen; sie entzieht sich irdisch-menschlichen Vorstellungen. Paulus hebt sie ans Licht, weil er von Gottes Geist erleuchtet ist; er weiht die Gemeinde ein in die verborgenen Absichten Gottes. Und selbst wenn er solch jubelnden Genuss der Liebe Gottes bislang nur ankündigt – er wird ansatzweise schon hier und heute in seiner Predigt erfahrbar: Durch den Glauben berührt sein Wort das Herz der Hörenden und weckt in ihnen den Geschmack solcher Liebe. Im Maß ihrer Offenheit wird der Gemeinde ein Angelt der AGAPE Gottes zuteil. So kann die Gegenwart anscheinend schon einen Vorgeschmack des Künftigen bereithalten. Einer, der die Ehelosigkeit selbst lebte und Menschen des Rätestandes wie nur wenige kennt, gibt zu Protokoll: „Es gibt auf Erden keine glücklicheren Menschen als die, die aus Liebe die einmalige und unwiderrufliche Hingabe vollzogen haben und in dieser Lebensform die Liebe weiterhin darzustellen versuchen" (HUvB 133).

7. Stärkung zu größerer Treue

Die sexuelle Revolution – erprobte Soziologen wie Niklas Luhmann oder Charles Taylor haben sie gleichfalls beobachtet – blieb nicht ohne Auswirkung auf modernes Eheverständnis. Es steht zu befürchten, dass Libertinage selbst unter Glaubenden gelegentlich die Stärke und Bindungskraft hingebender Liebe mindert. Voreheliche Probephasen, Scheidungserleichterungen, „Freie Liebe", Partnertausch und Pornoindustrie entstellen das Liebesspiel zur Banalität. Die tiefe Hingabe des Menschen an einen anderen gelingt dann kaum noch oder wird ganz vertan. Es ist indes „Jungfräuliches Leben" von Berufenen, das dem christlichen Herzen neu den Sinn sich hingebenden Selbstvergessens anzeigen kann. Wenn auch Ehelosigkeit um Jesu willen in ihrer Radikalität zunächst aufreizend ist: Den Nachdenklichen mag die Irritation in einem zweiten Schritt hellsichtig machen. Es geht ihm auf: Hier wächst offenbar jemand prinzipiell über die sinnliche Dimension des Daseins hinaus. Jungfräulichkeit verschiebt durch ihren Verzicht den gängigen Schwerpunkt der Liebe; jemand „stirbt der Welt und nimmt an etwas teil, was sonst nur in der Ewigkeit möglich ist“[29]. Sofern ein Glaubender dann lernbereit ist, entdeckt er die Erhabenheit gottgeweihten ehelosen Lebens. Und Ehelosigkeit wird nachträglich – paradoxerweise – zum Schutzschild für die eheliche Gemeinschaft: Statt sich mit hedonistischer Beliebigkeit zu begnügen, sieht ein Verheirateter seine Ehe in der Mitte der Person verankert. Im Unverheirateten um Jesu willen geht ihm auf, dass Hingabe an den Ehepartner zum letzten Moment seiner eigenen Gottverwiesenheit werden kann.

Wer Gottes Ruf annimmt, der verzichtet „um des Himmelreiches willen“ auf die Ehe; es ist die Liebe zu Gott, die solcher Entsagung ihren eigentlichen und ersten Sinn gibt. Doch jungfräuliches Licht leuchtet von Christus her auch den Mitchristen. Der Verzicht kann demnach anderen Liebenden – gleichsam sekundär – einen sehr kostbaren Sinn aufzeigen: Er kann zum Impuls werden, sich gleichfalls zunehmend der AGAPE Gottes zu öffnen. Wenn Eheleute Augen des Glaubens haben, dann bezeugt der Ehelose, dass Liebe Größeres bereithält als das, was alle irdische Erfahrung bietet. Der EROS wird als nur unvollkommener Anfang aller Liebesbewegnung begriffen. Wieder sind die Worte des Apostels eindeutig. Er schreibt an die Gemeinde in Thessalonich, der Mann müsse lernen, „mit seiner Frau in heiliger und achtungsvoller Weise zu verkehren, nicht in leidenschaftlicher Begierde wie die Heiden, die Gott nicht kennen“ (1 Thess 4,4f.). Dem Glaubenden geht auf: Er hat keinen Grund, im sexuellen Umfeld schon jetzt nach letzter Befriedigung zu verlangen und sich wie ein Heide mit Leidenschaftlichkeit zu begnügen – an Gott vorbei. – Auch alle Angst eines Enttäuschten wird hinfällig, wenn jemand befürchtet, die ersehnte Erfüllung sei ihm für immer versagt. Der Ehelose bezeugt: Da steht noch eine Verheißung aus; auf uns alle war-

[29] D. von Hildebrand, Reinheit und Jungfräulichkeit, 3. Auflage, Einsiedeln 1950, 190.

tet die beseligende Gemeinschaft in Gottes Liebe; ER hält für den Glaubenden bereit, was „kein Auge je gesehen hat". Und ER lässt uns alle solches Glück durch inneren Trost dann und wann schon auf Erden ein wenig spüren.

Die Weisungen des Völkerapostels brauchen nicht als überholte, weltfremde Schreibtischspekulation abgetan zu werden. Ein großer Pädagoge und begnadeter Glaubender hat ihnen in unseren Tagen neuen Widerhall gegeben: Don Luigi Giussani, Gründer der Geistlichen Bewegung Comunione e liberazione", bei dessen Begräbnis Kardinal Ratzinger am 24. 2. 2005 sagte: „Immer hat Don Giussani den Blick seines Lebens und sein Herz an Christus festgemacht." Dieser Priester der Diözese Mailand konnte mit seiner Nähe zu den Menschen und mit seinem Einfühlungsvermögen vielen Zeitgenossen das Evangelium neu erschließen und ein großes apostolisches Werk schaffen. Auch seine Ehekatechese für Christen ist höchst aktuell. Sie widersteht dem billigen Modell, dass Geschlechtsgemeinschaft dem Deklinieren des menschlichen Begehrens diene. Er stellt eheliche Liebe stattdessen in das Licht des Glaubens und hebt ihren festen Bezugspunkt hervor. Seine Worte:

> *„Einem Mann mangelt es an Respekt gegenüber seiner Frau, wenn er in der Ehe nicht denkt: ‚Wie würde Christus mit ihr umgehen?' Und solche Erwägung ist äußerst folgenreich. Im Laufe des Tages gibt es für jeden so viele Augenblicke, sich diese Frage zu stellen. Wenn er und sie nicht in die Gegenwart Christi treten, gehen sie schlecht miteinander um; sie verstehen sich nicht mehr, entfremden sich. Vielleicht wahren sie gute Umgangsformen, doch fehlt ihnen die seelische Nähe zueinander. Auch wenn ihre Ellenbogen beieinanderliegen – dem Herzen nach sind sie sich fern."*[30]

[30] L. Giussani, Si può (veramente) vivere cosi?, Milano 1996, 519.

Don Giussanis Denken wird durch kulturelle Veranstaltungen, Publikationen und das jährliche große „Meeting der Völkerfreundschaft“ in Rimini/Italien (für Deutschland etablierte sich inzwischen ein Ableger durch das „Rheinmeeting“ in Köln) für manche Zeitgenossen zu einem wirksamen Glaubensanstoß. Nach offiziellen Angaben gehören zum Jahresende 2018 weltweit gegen 100 000 Männer und Frauen fest zu diesem kirchlichen Neuaufbruch.

Wenn Guissani in seinen Katechesen die Heiligkeit der Ehe versichert, so provoziert er andererseits auch die Mitglieder seiner Gründung mit dem Ideal jungfräulichen Lebens. Weil Ehe wie Jungfräulichkeit in Christus verankert sind, sieht er im ehelosen Leben eine Festigung auch des Ehesakraments. Im Licht das Glaubens tritt der Gewinn hervor, den solcher, oft unverstandener Verzicht auf die eheliche Gemeinschaft den Eheleuten bringt: Jungfräulichkeit wird ihnen zu einem prophetischen Zeichen, das zum Blick auf Gott herausfordert.

> *„Die Gestalt des Jungfräulichen ist seiner Natur nach die Gestalt des Propheten: Sorge dich nicht, ob du es bist; du bist es … Diese Gestalt des Propheten oder die Gestalt des Jungfräulichen ist das Wunder der Wunder. Woran erkennen die Jünger Christus; woran, dass Christus Gott ist? Was macht seine Begleiter unsicher, weckt Bedenken und lässt sie fragen: ‚Aber du, woher kommst du? Wer bist du?‘,– auch wenn sie wissen, dass er im Geburtsregister von Bethlehem steht; obwohl sie sein Zuhause kennen, wo sie oftmals gewesen sind? Der Grund sind seine Wunder … Das Wunder ist ein Ereignis, dass unbedingt auf Gott verweist. Auch wenn einer nicht glaubt – und sich vielleicht verschließt –, er kann nicht umhin, dass ihm der Gedanke an Gott kommt … Hier also liegt der Grund, warum Jungfräulichkeit das Wunder der Wunder ausmacht: Denn es gibt kein größeres*

Wunder, als wenn einer sein ganzes Leben Christus gibt; wenn er das von Gott gegebene Feingefühl und das natürliche Streben durchmessen, niedergerungen und geopfert hat, um sein Leben Christus zu geben.“[31]

Durch solche Weisung formte sich innerhalb der Bewegung „Comunione e Liberazione“ die Gruppe „Memores Domini – Eingedenk des Herrn“. Sie umfasst Katholiken, die sich durch private Versprechen an die Evangelischen Räte binden. 1988 wurde sie vom Apostolischen Stuhl anerkannt. Obschon unsere Zeit an geistlichen Berufen arm ist, ist die Gruppe inzwischen auf mehr als 1 700 Männer und Frauen aus allen Kontinenten gewachsen.

---

[31] L. Giussani, Il Tempo e il Tempio, Milano 1995, 23 ss.

Jungfräulichkeit und das Weihepriestertum

Beim Vaticanum II loben die Konzilsväter „im Hinblick auf das priesterliche Leben die vollkommene und ständige Enthaltsamkeit um des Himmelreiches willen". Sie nennen den Zölibat „in vielfacher Hinsicht dem Priestertum angemessen ... auch wenn er nicht vom Wesen des Priestertums selbst gefordert" ist (Priesterdekret Nr. 16). Die Formulierung war das Ergebnis einer langen, oft heftigen Diskussion, in die sich Papst Paul VI. selbst einschaltete: In einem Brief an den Vorsitzenden des Konziliaren Präsidialrates vom 11. 10. 1965 schrieb er u. a. „Es ist nicht opportun, dieses Thema in der Öffentlichkeit zu verhandeln, da es große Klugheit verlangt und von sehr großer Bedeutung ist." Jesu Wort, dass diese Wahrheit manchem dunkel bleibt, hat ihn für diese Sätze offenbar die Feder geführt. Der Papst wollte gewiss aller pragmatischen Einmischung den Wind aus den Segeln nehmen. Nicht nur wegen des weltlichen Unverstandes ist es freilich nach wie vor geboten, die erwähnte „Angemessenheit" zu begründen.

1. Kein Selbstverlust

Zunächst muss hier wiederholt werden, dass die evangelischen Räte „Räte" sind – also eigenverantwortlich übernommen werden. Auch ergeht der Ruf zur Jungfräulichkeit immer nur an Einzelne. Der ehelose Stand bleibt innerhalb der gefallenen Welt somit eine Ausnahme. Wenn in den Räten überhaupt ein Zwang liegt, dann höchstens der, den man sich durch Selbstverpflichtung antut. Aber so handeln Liebende nun einmal: Liebe sucht sich zu binden, verzichtet auf autonomes Verfügen, um sich für den Geliebten bereitzuhalten. Genau diesen

Wunsch flüstert Gott einigen Menschen ein, weil er weiß, dass er gehört werden kann.

Solche Menschen verzichten dann in der Übergabe an Gott auf alle persönliche Freiheit. Das Ich identifiziert sich so umfassend mit seiner von Gott angenommenen Auslieferung, dass sein Tun und Lassen eins wird mit Gottes Wollen. Bleibt ihm dann nichts Eigenes – so preisgegeben, verschleudert?

Christus belehrt eines Besseren. Er hat sich reservelos dem Vater verschenkt; ausschließlich für den, der ihn gesandt hat: „Der Sohn kann nichts von sich aus tun, sondern nur, wenn er den Vater etwas tun sieht" (Joh 5,19). Sein Ich ist an den Vater abgegeben. In Jesus erscheinen erneut ganz neue Lebensregeln und werden gültig: Sie widersprechen im Kampf ums Dasein der üblichen Ich-Durchsetzung. Wohl verliert sich das Geschöpf an den Schöpfer im Selbstverzicht. Aber nur scheinbar führt Selbstverzicht zum Selbstverlust. Mag es auch widersprüchlich erscheinen: In der Liebe zu Gott löscht den Liebenden die Weggabe seiner selbst keineswegs aus. Sich zu entäußern, wird nicht zum Schaden. Wer um Christi willen auf sich und seine Freiheit zur Ehe verzichtet, der ordnet sich nämlich ein in eine neue Ordnung: in den direkten Herrschaftsbereich Gottes. Für ihn wird gültig, was wir von Christus wissen. Gottes Sohn bezieht ihn ein in die totale gegenseitige Auslieferung der drei göttlichen Personen, die sich ohne allen Selbstverlust einander schenken. Für den Sohn lässt das Johannesevangelium keinen Zweifel: Wohl liefert Jesus sich aus; er lässt sich von der Wahl des Vaters total bestimmen. Dennoch wird der Vater andererseits von dem Liebesgehorsam des Sohnes so sehr betroffen, dass er immer auf den Sohn hört: „Ich wusste, dass du mich immer erhörst", sagt Jesus nach der Auferweckung des Lazarus (Joh 11,39). In Christus gewinnt der Glaubende gleichfalls in seiner Selbstentleerung das Ohr des Vaters und wird auf paradoxe Weise durch Hingabe reich. Wer sich weggibt, erhält in Christus Anteil an Gottes dreifaltigem Wesen.

2. Stimulus und Stolperstein

Der Unwille über den Rat der „Enthaltsamkeit um des Himmelreiches willen“ und gegen den Zölibat wird sich mindern, wenn diese Verpflichtung in das Licht des Evangeliums tritt. Solche Einsicht nötigt nun freilich dazu, Fundamentaleres zu prüfen als das Zölibatsgesetz. Es genügt ja nicht, dass wir es sachlich von einem knappen Wort Jesu ableiten. Tiefer gräbt, wer zu der Person vorstößt, die da spricht. Schärfer zugespitzt: Hat der Autor der Heilsgeschichte uns nur ein Dokument hinterlassen und ist dann aber abgetreten? Zählt allein die Botschaft, nicht aber der Sprecher? Oder schlägt für die kirchlichen Sendung zu Buche, dass Gott nicht nur ihr Initiator war, sondern auch ihr realer Träger bleibt? Ist Jesus jetzt und heute der „Weg“ für die Christen?

Unser kirchliches Tun muss ja keineswegs notwendig um einen persönlichen Gott und seine Faszination kreisen. Kirche macht auch als irdischer Interessenverband Sinn – wie eine Partei, eine Wirtschaftslobby, eine Werbeagentur. Die öffentliche Meinung schätzt sie als Institution, insofern sie das Zusammenleben vermenschlicht. Genau das muss sie denn auch immer neu beweisen und versucht es zu ihrer Selbstrechtfertigung mit Gründen, die der Welt verständlich sind: Gerechtigkeit, Friede und Bewahrung der Schöpfung werden dann ihre vorrangigen Ziele. Der Repräsentant des Systems, der Amtsträger, ist gedrängt, auf innerweltliche Wirkung zu setzen. Verzicht auf die Ehe um Jesu willen ist aber absurd, sobald Jesus nicht mehr zählt – nicht nur in den Gemeinden, sondern noch einschneidender für Priester.

Oft genug verfehlen freilich Katechese und Predigt des Priesters den innerweltlichen Nutzen, widersprechen sie ihm sogar – glücklicherweise: Feindesliebe statt Selbstbehauptung, Verzeihung statt Rache, Gebet statt Aktivität, Verzicht statt Sofortbefriedigung, Kreuz statt Wohlgefühl, Gottes Wille statt Selbstbestimmung. Das muss der Welt wahrlich als demonstrative Unvernunft vorkommen. Und einige Zuhörer fragen sich: Folgt der Prediger selbst solcher Utopie? Verschmäht er, was das Leben erfolgreich macht? Ist er ein Weichmann? Mitmenschen werden misstrauisch.

Des Predigers Vision kann allerdings glaubwürdiger werden, weil er die „Taube auf dem Dach" ins Spiel bringt: Nach dem Hier und Heute kommt ein Morgen. Gott hat uns in Christus ewige Seligkeit zugesagt. Sie kann schon gegenwärtig das Jetzt bestimmen. Wie nahezu kein anderes gesellschaftliches Befremden bezeugt der Zölibat des Priesters: Dieser Bote setzte auf eine noch ausstehende Erfüllung; er wartet noch darauf, dass seine tiefste Sehnsucht gestillt wird. Und ihm genügt sogar nicht die Hoffnung auf ein künftiges „Noch-nicht-Haben" (der skeptische Denker wie Ernst Bloch mit seinem Kommentar „Der Traum war schöner" die Attraktivität zu nehmen versuchte); Reich-Gottes-Hoffnung, zu einer „konkreten Utopie" versachlicht, könnte das Herz des Jungfräulichen noch nicht trösten. Kein Einziger der früher beschriebenen Gewährsleute für die Kraft göttlicher AGAPE im Menschen hätte sich für eine künftige ideale Gesellschaft geopfert. Erst Jesu Wort sagt die Erfüllung zu: „Wer meine Stimme hört und die Tür öffnet, bei dem werde ich eintreten und wir werden Mahl halten, ich mit ihm und er mit mir" (Apg 3,20). Jesus sagt innige personale Zweisamkeit zu, ungetrübte Seligkeit, die Fülle ewigen Glücks in der Geborgenheit des liebenden Du. Diese Verheißung trägt den Zölibatären und ermöglicht ihm zu erwarten. Und sein eigener Verzicht gibt auch seinen Mitchristen Hoffnung auf das Kommende: Der Zölibatäre wird ihnen zum Bürgen.

Würde die Kirche auf einen humanitären Gesellschaftsfaktor zusammenschrumpfen, verspielte sie schon ihren Auftrag, ein glaubwürdiger Anwalt der Rechte Gottes auf Erden zu sein. Die Verpflichtung zur „Enthaltsamkeit um des Himmelreiches willen“ erschiene dann geradezu als zynischer Aberwitz kirchlicher Disziplinierung. Nein, irdische Ziele könnten solchen Zwang nie und nimmer legitimieren. Noch weniger geben gesellschaftliche Sachgründe einem Betroffenen die Kraft zum Verzicht. Allein der zaghafte Glaube an Gott kann derartigen Gehorsam tragen. Sein Wort stellt uns die ewige Erfüllung in Aussicht. Unser gebrechliches Vertrauen gibt den Mut zum Unverständlichen, weil Christus der Garant ist. Sein Du entschädigt auch für die Kosten. Wie könnte der Priester auf die Ehe verzichten, ohne auf den persönlichen Gott zu setzen – da sie doch gut ist und seine Natur ihn zu ihr drängt?

3. Nach biblischem Maß

Um einen so „abseitigen“ Weg zu gehen, genügen dem Seminaristen weder eigene Tugendhaftigkeit und Selbstkontrolle noch Absicherung durch fromme Formatoren. Nur sein eigener Glaube zählt. Und der gerät durch den „Zölibat“ in eine existentielle Probe. Was gibt mir Sicherheit? Dies Gesetz wird dem Kandidaten für das Priestertum fürwahr ein schmerzhafter Stolperstein: Rechne ich für mein Leben mit dem personalen Gott – oder nicht? Ist er für mich nur ein „gedachter Gott“ – wie der große Mystiker Meister Eckehard seinen Zeitgenossen vorhielt; oder ist er ein „anwesender Gott“, wie er ihn forderte, „gegenwärtig im Gemüt, im Streben und in der Liebe“? Es lässt sich wohl auf dem Weg zum Priestertum kaum eine einschneidendere Glaubensprovokation finden als das Zölibatsgesetz. Und wer meint, dass Gott immer eine ohnehin zuhandene Realität sei, der sollte sich der Beobachtung von Charles Taylor erinnern, dass Gott inzwischen „im naturwissenschaftlichen Kosmos, im gesellschaftlichen Gefüge und im Alltag des Menschen seinen Platz verloren" hat[32].

Nicht allein in der Chance persönlicher Glaubensvertiefung liegt ein Argument für die Angemessenheit dieser Verpflichtung. Über alles Subjektive und Aktuelle hinaus lebten ihn die großen Bahnbrecher des Heilswerks Jesu und ihr Leben und Tun bleibt für alle Zeiten maßgebend.

Das belegen etwa einige biographische Daten des Völkerapostels Paulus. Er ist der große Bauherr der Kirche – weiß und erlebt sich aber keineswegs in einer abgesicherten Administration als wohlbestallter Beamter Christi. Aller Selbstschutz ist ihm genommen. Vom Herrn wird er nach seiner Bekehrung „mein auserwähltes Werkzeug" genannt. Doch das meint – statt Obdach und Applaus: „Ich werde ihm auch zeigen, wie viel er für meinen Namen leiden muss" (Apg 9,15f.). Er trägt Jesu Wundmale an seinem Leib (Gal 6,17) und allzeit Jesu Todesleiden zum Erweis von Christi Kraft, „damit das Leben Jesu an unserm Leib offenbar werde" (2 Kor 4,10). So sieht sein Priestertum aus, das die – geratene, nicht gebotene (1 Kor 7,25) – Jungfräulichkeit als Hingabe umsetzt und für andere geistlich fruchtbar macht. Wer nämlich wie Paulus ein Vater (1 Kor 4,15) und eine Mutter (1 Thess 2,7) der Gemeinde ist, der kann sich neben dem schmerzlichen Gebären geistiger Kinder (Gal 4,19) nicht noch mit einer leiblichen Familie in gebührender Weise befassen. Wenn er schon eifersüchtig für die Jungfräulichkeit des Geistes der Kirche einsteht – „ich habe euch einem einzigen Mann ver-

[32] So im Klappentext seines großen Werkes „Ein säkulares Zeitalter", Frankfurt 2009.

lobt, um euch als reine Jungfrau zu Christus zu führen" (2 Kor 11,2) –, wie kann er nicht mit dem Beispiel eigener Jungfräulichkeit vorangehen? Wenn er schon „sehr gern alles aufwenden und mich für euch aufreiben will" (2 Kor 12,15); wenn er sich freut, dass „mein Leben dargebracht wird zusammen mit dem Opfer und dem Gottesdienst eures Glaubens" (Phil 2,17) – wo hätte da noch Rücksicht auf Gattin und eigene Kinder Platz? Dass sich Paulus ganz Christus ausgeliefert hat: „ich sehe alles als Verlust an, weil die Erkenntnis Christi Jesu, meines Herrn, alles übertrifft" (Phil 3,8); dass der Herr ihn zum Miterlöser berief: „Für den Leib Christi, die Kirche, ergänze ich in meinem irdischen Leben das, was an den Leiden Christi noch fehlt" (Kol 1,24); dass er sich in reservelosem Einsatz selbst verlor: „nicht mehr ich lebe, sondern Christus lebt in mir" (Gal 2,20) – all das führt für ihn unausweichlich zur Jungfräulichkeit um des Evangeliums willen.

Nun möchte einer beim Völkerapostel lediglich eine charismatische Ausnahme sehen: Gewiss habe seine Lebensform allen Dienstträgern etwas zu sagen. Aber eine Sonderbegabung durch Gottes Geist lasse sich nicht in ein Amtssystem zwingen; priesterlicher Auftrag sei inzwischen vielmehr ein Dienstamt innerhalb der Kirchenstruktur. Dieses werde jedoch nicht durch die freie Gabe des Geistes zugeteilt, sondern als funktionale Eingliederung; sie sei sachlich verankert im kanonischen Recht. Doch solcher Einwand wird schnell hinfällig; Amt und Charisma stehen ja nicht im Widerstreit. Gewiss sind sie auseinanderzuhalten. Allein: Der Spannung zwischen beiden ist in Christi Erlösung alle Gegensätzlichkeit genommen. Die schon erwähnte Studie des genialen Hans Urs von Balthasar hebt die objektive theologische Wechselbeziehung zwischen diesen beiden Grundkräften der Heilsgeschichte und der kirchlichen Sendung ins Licht (HUvB 228ff.); sie hat auch für unsere Frage hohen Belang.

Balthasar macht das Zueinander von Amt und Charisma an den beiden Apostelgestalten Petrus und Johannes fest. Sie bilden in der jungen Kirche zunächst eine unzertrennliche Einheit. Zusammen gehen sie in den Tempel zum Gebet (Apg 3,1), zusammen heilen sie den Gelähmten an der „Schönen Pforte“ (3,3ff.), beide reden mit Freimut vor dem Hohen Rat (4,13.19), beide werden nach Samaria geschickt (8,14). Anscheinend blieb Petrus, der erst *nach* Johannes zum Herrn kommt (Joh 1,42), trotz der Verleihung seines besonderen Amtes durch den Herrn in gewisser Abhängigkeit vom Lieblingsjünger. Johannes andererseits drängt sich nicht zwischen den Herrn und das Amt. Petrus schiebt ihn vielmehr vor – „er solle fragen“ (Joh 13,24) –, als es im Abendmahlssaal um die bestürzende Kenntnis des Verräters geht. So lässt Petrus ihn gleichsam zwischen ihm selbst und dem Herrn vermitteln. Am Ostermorgen eilen Petrus und Johannes zum Grab. Die Liebe, die unbeschwerter ist als das Amt, ist schneller am Ziel, wahrt aber den Vorrang des Amtes: Johannes „geht nicht hinein“ (Joh 20,5), sondern wartet, bis Petrus nachkommt, lässt diesem den Vortritt für die amtliche Untersuchung des Ortes. Dann erst ist die Reihe an ihm; er geht hinein; „er sah und glaubte“ (Joh 20,8). Nochmals – beim wunderbaren Fischfang am See von Tiberias – ist die Liebe schneller. Johannes, „der Jünger, den Jesus liebte“, sagt zu Petrus: „Es ist der Herr“ (Joh 21,7). Wieder erkennt das Amt den Herrn dank der liebenden Intuition des Charismas. Und Petrus reagiert sofort: Er wirft sich in den See, um den Herrn diesmal noch vor den anderen Jüngern zu erreichen; diese folgen erst im Boot (Joh 21,8).

Das Neue Testament gibt uns mit Johannes und Petrus ein ausgewogenes Bild vom Gewicht des Charismatischen, von Über- und Unterordnung zwischen Personalem und Amtlichem. Dann aber stellt der johanneische Christus in der österlichen Szene dem Amtsträger Petrus die umstürzende Frage:

„Simon, Sohn des Johannes, liebst du mich mehr als diese" (Joh 21,15)? Das Unbegreifliche an Jesu Prüfung ist nicht die Frage nach der Liebe; in der AGAPE hat das Amt seine unentbehrliche Voraussetzung. Vielmehr verstört es, dass der Herr von Petrus ein „Mehr-als-diese" erwartet. Mehr als der Lieblingsjünger Johannes soll Petrus den Herrn lieben, um seiner Berufung zu entsprechen. Zwischen Amt und Liebe besteht folglich nicht länger „Polarität". Auch kann Petrus nicht länger auf Johannes zählen, wenn etwas vom Herrn oder über den Herrn zu erfahren ist. Genauso wenig darf er die große Last des Amtes vorschützen, um die Last der Liebe dem Johannes zu überlassen. Neben dem Amt „muss er auch noch die Liebe verkörpern. Er muss sie sich, als der Stellvertreter der ganzen Kirche, selbst einverleiben" (HUvB 230).

Die „Spannung" zwischen Amt und Liebe in der Kirche ist überstiegen. Petrus ist für einen Dienst ausersehen, der seine Person völlig einfordert und aufzehrt. Schon seine Berufung zeigt den Selbstverlust: Er bekommt einen neuen Namen, Kephas (Joh 1,42). Am Ende der Petrusgeschichte benennt der Herr mit der gleichen feierlichen Anrede positiv das entscheidende Kriterium seines Dienstes: die größere Liebe. Das Amt „wird in die Liebe, in dieses gottmenschliche Mysterium der Freundschaft und Zärtlichkeit zwischen Jesus und Johannes eingeweiht und muss mit dem Gegengeschenk der ganzen Person an den Herrn antworten" (HUvB 231).

In unsern Tagen wird die Zölibatsverpflichtung wieder einmal – nuanciert oder auch kategorisch –zur Disposition gestellt. Es mag in der guten Absicht geschehen, dem Priestermangel zu wehren. Ihre Anreger müssen sich jedoch vor Augen halten, dass sie vielleicht die Kirchenstruktur festigen (Erfahrungen in nicht katholischen Konfessionen geben selbst dafür keine Sicherheit). Doch schwächt der Vorschlag andererseits die Glaubensanforderungen an die Priesterkandidaten auf dem Weg zum Sakrament. Und beim geweihten Diener mindert sich tragischerweise das Zeugnis, dass er sich zutiefst und zuerst um Jesu willen engagiert. „Wer es erfassen kann, der erfasse es“ (Mt 19,12).

Familien in Mission

„Apostolat“ und „Missionstätigkeit“ lassen uns heute rasch an Männer und Frauen von Ordensgemeinschaften oder an Bedienstete und Beauftragte von Apostolatswerken denken. In der Frühzeit der Kirche geschah Glaubensausbreitung hingegen weniger in kirchen-struktureller Organisation als durch verwandtschaftlich-persönliche Kontakte. Bezeichnend ist etwa die Christianisierung des germanischen Raums. Ihr großer Bahnbrecher war der heilige Bonifatius (+ 754/755). Er kam als Benediktiner aus der südenglischen Grafschaft Devonshire und sah sich berufen, jenseits des Ärmelkanals Christus zu verkünden. Natürlich war er in dem völlig unerforschten Heidenland ganz und gar auf sich allein gestellt. So musste ihm daran liegen, Begleiter für seine Missionsarbeit zu finden. Er gewann sie in der heimatlichen Familie und unter Freunden: Mehrere Männer und Frauen aus Wessex, die ihn bei seiner gewagten Evangelisierung begleiteten oder von ihm später eingeladen wurden, sind mit der Christianisierung des früheren Frankenlandes unlösbar verbunden (u. a. Burkhard, Willibald, Wigbert, Lioba, Walburga).

In unseren Tagen wurde das Modell solchen längst vergangenen Apostolats wieder aufgegriffen. „Der Neukatechumenale Weg“, eine der nachkonziliaren geistlichen Aufbrüche in der Kirche, entdeckte neu die Glaubensverbreitung im Familienverband. Johannes Paul II. spornte die Pioniere an mit den Stichworten „Neuevangelisierung“ (1979), „Entchristlichung Europas“ (1985) und „christliche Familien, die missionieren“ (1988). Im Sinne des Vaticanum II lernten sie die missionarischen Glaubenszellen als „häusliches Heiligtum der Kirche“ (Dekret über das Laienapostolat Nr. 11) verstehen. Sie sind unbedingt noch zu erwähnen. Wohl untersucht diese Studie

die Strahlkraft jungfräulichen Lebens für die Verbreitung von Gottes Erlösungswerk; doch würde das Apostolat christlicher Ehen und Familien ausgeblendet, fehlte eine vielversprechend neue Initiative. In der Tat wäre es theologisch irrig, pastoral unklug und kirchenpolitisch kurzsichtig, wollte jemand die Missionskraft der „Hauskirche“ verschweigen. Die Untersuchung schließt daher mit einem Bericht der Eheleute Macari aus Südtirol; ich habe sie gebeten, ihre Erfahrung als „Familie in Mission“ aufzuschreiben. Mauro, der Vater, hat sie zu Wort gebracht.

1. Erweckung und Eifer

Wenn es darum geht zu erzählen, wer ich bin und woher ich komme, so fällt mir zuerst der Psalm 130 ein – „Aus der Tiefe rufe ich zu dir, o Herr“; denn damit fängt mein Abenteuer an. Tiefes Ungenügen gegenüber den Angeboten der Welt für mein Leben, den Erwartungen meiner Herkunftsfamilie, der Gesellschaft, des „Ichs“ selbst – all das lähmte mich wie eine Kette und hielt mich in Angst gefangen. Bei einem Jungen von 14 Jahren mag solche Beschreibung übertrieben erscheinen. Aber genauso empfand ich, als drei italienische Studenten im Jahr 1970 meine Heimatpfarrei Pius X. in Bozen besuchten. In neuer Sprache legten sie das biblische Kerygma aus: die Verkündigung des Todes und der Auferstehung Christi als heilsstiftende Botschaft auch für mich. Unter den Hörern bildete sich eine Gemeinschaft des „Neukatechumenalen Weges“.

Ihre Katechese erreichte mich genau in dem „schwarzen Loch“, in dem ich steckte. Ein befreiender Horizont tat sich mir auf, weil ich erkannte: Gott liebt mich, wie ich bin – in meinen Sünden, in meinem Elend, in meinen Ängsten und Hoffnungen. Das Evangelium begann, meine Vergangenheit ohne Abstriche zu erhellen, beleuchtete meine Gegenwart und rüstete mich für eine Zukunft aus, für die ich Seines Geleits sicher war. Der Heilige Geist verbreitete sein Licht und weckte GLAUBE. Die ganz konkrete Erfahrung, selbst geliebt zu sein, machte mich fähig, mich andern zuzuwenden. Und genau in diesem rechten Augenblick begegnete ich Gigliola, meiner späteren Frau. Wir gehörten beide zu einer Gemeinschaft des „Weges“ und waren uns von Anfang an einig, eine christliche Ehe zu beginnen. So wagten wir das Unterfangen – im Vertrauen auf Gott unsern Vater und ausgerichtet auf seinen Willen. Die Kirche wies uns den konkreten Weg. Und nach einigen Jahren, Anfang der Achtziger, reifte in uns die Idee: Aus Dank für die empfangene Liebe Gottes möchten wir ihm, unserm himmlischen Vater, zusammen mit den inzwischen geborenen Kindern für seine Wohltat einen Gegendienst leisten und uns der Kirche, unserer Mutter, zur Verfügung stellen.

Die Gelegenheit ließ nicht lange auf sich warten. Papst Johannes Paul II. richtete im Oktober 1985 eindringliche Worte an das „Symposium der Europäischen Bischöfe“. Er sprach von der Säkularisierung Europas und vom „Tode Gottes“. Darum gälte es, alle missionarischen Kräfte aufzubieten: unter Bischöfen, Priestern und auch die der Laien. Dieser Impuls bewegte die Initiatoren des Neukatechumenalen Weges, Familien zu suchen, die ihrer geordneten Lebenssituation den Rücken kehrten, um irgendwo in entchristlichten Gegenden Europas und Amerikas zu evangelisieren. Für Gigliola und mich war das Projekt eine Bombe. Und der Herr schaute wirklich auf unsere Bedürftigkeit und Schwäche und berief uns zusammen mit anderen Familien im November 1986, die Frohe Botschaft in unbekannte Gebiete zu bringen. Wir machten uns gleich daran, von unserm bisherigen Leben Abschied zu nehmen: von der Arbeit – ich hatte ein eigenes, kleines Transportunternehmen; vom Haus – wir waren dabei, uns in einer

Kooperative eine Wohnung zu kaufen; von der Großfamilie – wir stahlen den armen Eltern die fünf Enkel – und von der „Gemeinschaft", doch von ihr nur lokal. Mit einem Renault Traffic, der uns von den Brüdern und Schwestern unserer Gemeinschaft geschenkt wurde und noch ganz gut lief – er war vollgepackt mit Decken, Windeln, Parmigiano, einigen Flaschen Lambrusco und mit 1000 DM in der Tasche –, stürzten wir uns am 1. März 1987 in das Abenteuer. Um 20 Uhr erreichten wir den Brenner. Ein Schneesturm erwartete uns und ließ nicht von uns ab, bis wir am nächsten Nachmittag in einer unglaublichen Fahrt durch Schneeverwehungen in Lüneburg ankamen.

2. Vom „Tun" zum „Sein"

Wir Naivlinge kannten nicht einmal eine Anschrift, wussten nur, dass man uns in der Pfarrei St. Stephanus erwartete. Aber diese Unkenntnis beflügelte nur unsern Glauben, da Gott ja schon so oft in unserm Leben seine Macht gezeigt hatte. Im Stadtteil „Kaltenmoor", der nicht besonders gut beleumundet ist, gab es im dritten Stock eines Hauses der Graf-von-Moltke-Str. 9 für uns eine halb-möblierte Wohnung. Welch überraschendes Geschenk! Unsere Freude über die Vorsehung und unser Enthusiasmus ließen uns die „besonderen" Gerüche im Treppenhaus gar nicht wahrnehmen. Zwei Brüder des „Weges", Don Corrado und sein Helfer Tobias, begrüßten uns begeistert,und wir fingen an, Tag für Tag auf die „Vorsehung" zu setzen – wie es uns unser Heimatpfarrer Don Francesco Daz prophezeit hatte. Jeden Tag schaute irgendeiner der „Pfarrgemeinde" bei uns herein und brachte etwas Nützliches. „Klingeling – wir kommen von der Pfarrei; das ist für euch." „Klingeling" – die Sekretärin der Pfarrei, ein wahrer Engel: „Das müsst ihr unterschreiben; morgen die Aufenthaltsgenehmigung, dann die Gesundheitsversicherung usw." „Klingeling – Mauro, morgen ist ein Gespräch, damit du Arbeit findest." „Klingeling – Gigliola, du must dich für den Kindergartenplatz vorstellen und für die Schule." So flogen zwischen dem Klingeln die Tage dahin und wir schlugen Wurzeln in dem Viertel (IMPLANTATIO ECCLESIAE), ohne es auch nur zu merken.

Der Pfarrer Hans Joachim, der uns in seine Pfarrei eingeladen hatte, stellte uns seiner Gemeinde bei der Messfeier am Sonntag vor. Zunächst schien alles ganz problemlos. Aber nach den ersten Katechesen stellten wir fest, dass im gegenwärtigen Augenblick eine Neuevangelisierung in den deutschen Diözesen auf andere Weise zu geschehen hatte – nämlich mittels unserer eigenen Bekehrung. Papst Johannes Paul II. öffnete unsere Augen erneut für die Sicht des Glaubens. Bei der großen Aussendung am „Fest der Heiligen Familie" 1988 in Porto San Giorgio/Italien rief er die programmatischen Worte aus:

> *„Heilige Kirche Gottes, du kannst deine Sendung nur erfüllen, du kannst deine Sendung in der Welt nur erfüllen durch die Familie und ihre Sendung … Die Heilige Familie von Nazareth ist genau das: die Menschenfamilie in göttlicher Sendung, Dreifaltigkeit in Mission. Ihr müsst der Familie helfen, müsst die Familie vor aller Zerstörung schützen."*

Das war ein Auftrag. Und wir fragten uns, was wir zu lernen hätten. Die Umstände zeigten es uns und es ging uns auf durch die Heilige Familie von Nazareth, die zu leiden verstand. Doch hat es Sinn zu leiden? … Wenn du für dich selbst lebst, ist die Last zu schwer. Wenn du für Christus lebst, trägt Er die Last. Schwierigkeiten: die Sprache; die Kinder, die sich zurechtfinden müssen; der Kindergarten; die Schule; die Krankheiten; die Arbeit; Geldnöte – und dann die „Mission“. Aber was müssen wir tun? Was ist die Mission? Hier beginnen die Diskussionen, die Streitigkeiten, die Missverständnisse zwischen mir und Gigliola, auch mit den Helfern des „Weges“, mit andern Familien; Fehde, Neid, Eifersucht, hässliche Unterstellungen und so fort. Weil wir rundweg nur ein „Hindernis“ sind, entdecken wir das Gebet – den Psalter, den uns die Kirche gibt, das regelmäßige Bußsakrament und die Eucharistie – gefeiert mit anderen Familien im kleinen Kreis. Ohne das Gebet geht nichts. Es ist der Anker, damit wir „eines Sinnes“ sein und die Kinder erziehen können. Und dann erkennen wir ganz allmählich: Die „Mission“ besteht nicht im „Tun“, sondern im „Sein“.

Doch kehren wir zurück zum „Klingelingeling“: „Ich bin Alfred, von der 1. Etage“ … „Wir sind Peter und Elke von nebenan“ … „Ich bin die Vietnamesin, die unter euch wohnt“ … „Wir sind die Kurden mit der Einkaufsliste“ … und immer so fort. Und so gewöhnen wir uns daran, unsere Tür zu öffnen.

Dann und wann nimmt dir die Armut dieser Leute den Atem – zeigt dir aber auch, wie rassistisch du tief in deinem Herzen bist. Eine echte Gnade: das nächtliche Spaghettiessen mit diesen „Brüdern“. Die Geschichten sind zahllos: Wie sie unsere Ausweise stahlen; als nach lautem Gebrüll auf dem ersten Flur eine blutige Auseinandersetzung erkennbar wurde; Volltrunkenheit; Pistolengefuchtel. Dunkle Engel, die dir den Kleinbus wieder flott machten, nachdem er fast im Schlamm versunken war. Scherzhaft nannten wir sie die „Brüder Dinosaurier“ – Adolf, Elke, Alois, Frank. Einer von ihnen klingelt des Nachts. Er will unbedingt mit uns reden, auch wenn er stark angeheitert ist. Dann sagt er: Ich weiß, warum ihr hier seid und was ihr wollt. Ihr wollt uns hier zu einer Gemeinschaft machen. Doch es ist wichtig, dass ihr mit eurer Familie hier seid und dass ich euch anfassen kann. Er legt mir seine Hand auf die Schulter. Dann springt er auf, läuft ins Bad und übergibt sich. Wir bieten ihm einen dreifachen Kaffee an. Und er erzählt uns noch zwei Stunden die Tragödie seines Lebens. Dies ist nur eine der dramatischen Episoden, die uns der Herr erleben ließ. Und wir fragten uns dann, warum wir von ihr verschont geblieben waren. Die Jahre vergingen im Flug, die Kinder wuchsen heran.

2005 hatten wir zwölf Kinder und eines im Himmel, sechs Jungen und sechs Mädchen, der Älteste 24, die Jüngste 6 Jahre. Welche Wunder hat der Herr mit uns vollbracht. In all den Jahren unterstützten uns die Eltern; sie waren so angetan von Gottes Werk, dass die Oma Antonietta, Gigliolas Mutter, zu unserer Hilfe nach Deutschland kam. Auch unsere Heimatgemeinschaft stand uns materiell und spirituell bei.

3. Als Pilger ohne feste Bleibe

Dann aber stand plötzlich eine neue Herausforderung vor uns. Der junge Bischof von Regensburg, Gerhard Ludwig Müller, hatte die Verantwortlichen des „Weges“ für Deutschland, Toni und Bruna Spandri, gebeten, in seine Diözese Familien zu senden. Auch an uns war gedacht. Auf, nach Bayern? Die Wege des Herrn sind wunderlich! Angesichts so verrückter Vorhaben kann man sich nur in seine Arme werfen und erlebt, dass er selbst alle Hindernisse wegräumt. Familiensitzung … Frage an die Kinder: Seid ihr bereit, wie Abraham in Ur/Kaldäa alles zu verlassen und in eine andere Stadt zu gehen – und dieselbe Erfahrung zu machen, wie ich sie mit eurer Mutter und den fünf Ältesten gemacht habe?

Antwort: 11 „Ja", eine „Nein". Dann öffnen wir die Heilige Schrift; Bibelstechen nannte die frühe Kirche solche Orientierung am Worte Gottes; und wir waren das vom Singen der Laudes am Sonntag oder beim dringlichen Gebet in schwierigen Situationen gewohnt. Lukas 17,23–37 wurde uns gegeben. Wir verstanden, wir sollten nicht zurückschauen; Lots Frau erstarrte. Der Herr sorgte mit Überraschungen und Wundern für eine „weiche Landung" in Regensburg. Und auch das eine „Nein" hat sich in ein „Ja" verwandelt, als der Herr die Geschichte auch unserer erwachsenen Kinder in die Hand nahm und sie heimliche und falsche Bindungen kappten. Sie hielten sich stärker an der Kirche fest und machten sich Christsein als Sendung zu eigen. Jetzt gehören wir alle zu den beiden Gemeinschaften in Regensburg. Neun der Kinder sind verheiratet, verstreut über Deutschland, Holland und Israel. Wir zählen 18 Enkel und von den dreien, die zu Hause sind, werden wohl zwei in diesem Jahr heiraten.

Die Schlacht um den Glauben steht ständig auf der Tagesordnung. Doch der Herr ist ein starker Held und kämpft fortwährend an unserer Seite. Unser Haus hier ist immer offen, um Jesus zu empfangen, wenn er in Gestalt der Armen oder der Engel kommt.

Jemand mag fragen: Was werden Mauro und Gigliola nun in ihrem Alter tun? Ist es Zeit für die Pensionierung? Aber wir denken nicht einmal daran. Uns kommt der Psalm in den Sinn: „Noch im Greisenalter tragen sie Frucht, bleiben markig und frisch, um zu verkünden, gerecht ist Jahwe, mein Fels, und kein Unrecht an ihm" (92,15)! Das Leben kann sich nicht pensionieren lassen und seit Ewigkeiten steht unser Leben unter seinem Plan – auch durch die Evangelisierung, durch wir alles empfangen haben. Darum können wir künden: Wie kann ich dem Herrn all das vergelten, was er mir getan hat;

ich erhebe den Kelch des Heiles und singe dem Namen des Herrn Halleluja!!!

Ihnen sehr verbunden grüßen Sie Mauro & Gigliola.

PS. Inzwischen gibt es mehr als 1.500 Familien des „Neukatechumenalen Weges“, die mit ungefähr 6.000 Kindern in 108 Nationen evangelisieren.